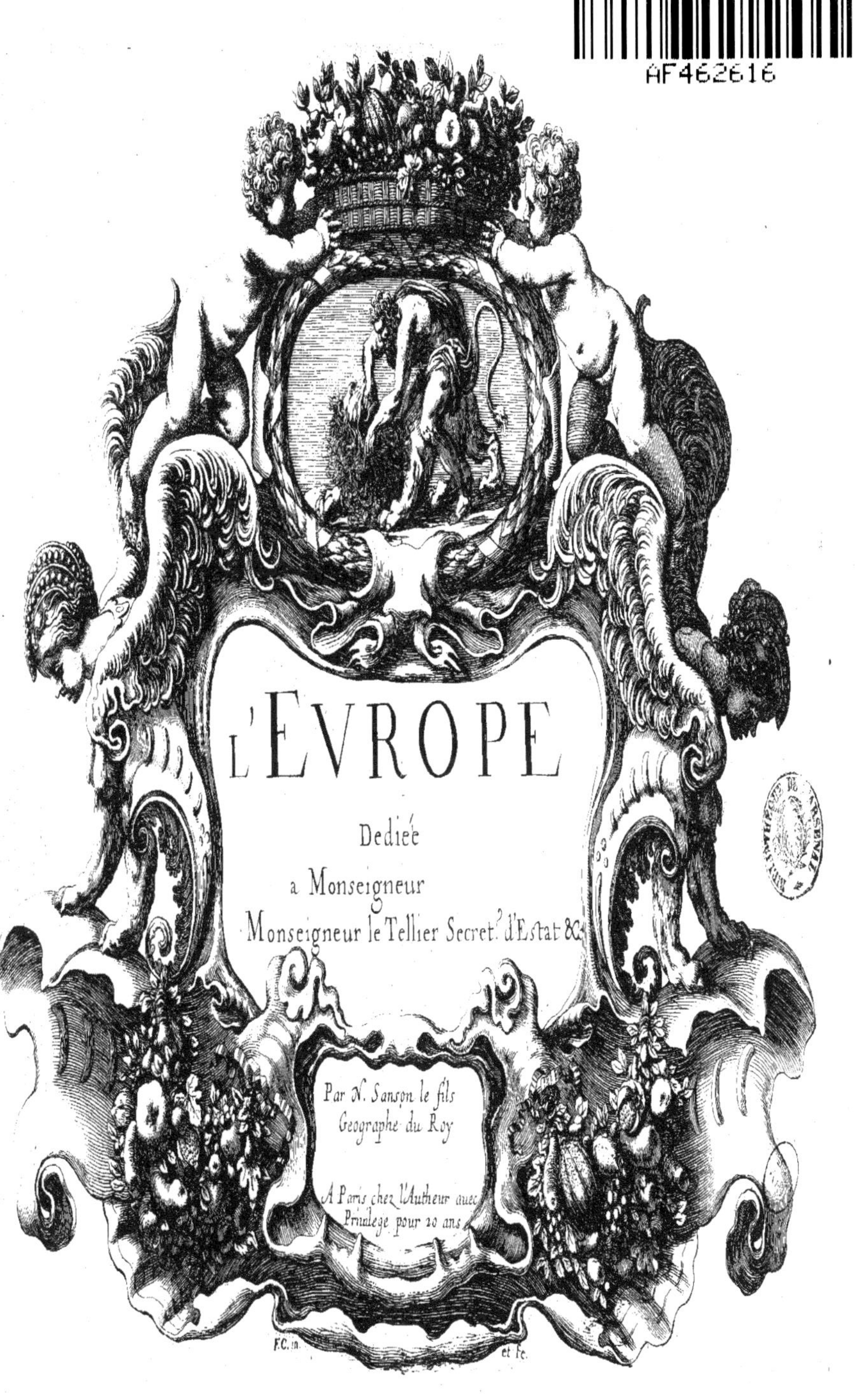
L'EVROPE
Dedieé
a Monseigneur
Monseigneur le Tellier Secret.re d'Estat &c.
Par N. Sanson le fils
Geographe du Roy
A Paris chez l'Autheur auec
Priuilege pour 20 ans
F.C. in.
et Fe.

A MONSEIGNEVR

MONSEIGNEVR LE TELLIER Seigneur de Chaville, Conseiller du Roy
en tous ses Conseils, Secretaire d'Estat et des Commandemens de sa Majesté.

MONSEIGNEVR

Les Biens faicts que mon Pere a reçeu de vous, et le favorable Accueil qu'il vous a pleu de donner a ses Ouvrages, m'obligent a ne pas exposer au Public le premier Essay de mon foible Travail, sans y marquer ma Recognoissance : Ie vous l'offre donc MONSEIGNEVR, et vous demande tres humblement qu'il vous plaise de l'avoir agreable, et de le proteger ; affin qu'il reçoiue sa valeur, et son prix de Vostre Nom, et de Vostre Approbation. Ie n'ay pas assés de presomption pour en rien pretendre de moy mesme, si ce n'est d'auoir en quelque sorte satisfait a mon debuoir, en vous le desdiant, et faisant cognoistre a tout le monde, comme je suis auec toute la recognoissance qui m'est possible

MONSEIGNEVR

Vre. tres humble tres obeissant, et tres obligé seruiteur.
N. SANSON le fils Geographe du Roy.

EVROPE
Par N. Sanson le fils
Geographe du Roy
A Paris chez l'Autheur avec
Privilege pour 20 ans
OCEAN SEPTENTRIONAL
OCEAN
OCCI
DEN
TAL.
RVSSIE
BLANCHE ou
MOSCOVIE
TARTARIE
POLOGNE
ALLEMAGNE
FRANCE
ESPAGNE
TVRQVIE
PONT EVXIN
ARCHIPELAG
MER MEDI
TERRANEE
B A R B A
A F R I
Q V E.
ASIE

L'EVROPE.

L'EVROPE est l'vne des trois Parties de nostre Continent, dont l'Asie fait la plus Orientale; l'Afrique, la plus Meridionale: & l'Europe, à leur esgard, est entre le Septentrion, & l'Occident; sçavoir à l'Occident de l'Asie, & au Septentrion de l'Afrique.

Elle est bornée pour la plusspart de l'Ocean, & de la Mer Mediterranée; que nous appellons Ocean Septentrional, Glacial, ou Scythique, vers le Septentrion; Ocean Occidental ou Atlantique, ou la grande Mer, vers l'Occident: la Mer Mediterranée n'est qu'un bras de l'Ocean, au midy; & celle-cy separe l'Europe de l'Afrique.

Mais vers l'Orient, diverses Mers, qui tombent dans la Mer Mediterranée; divers Destrois entre ces Mers, & diverses Rivieres la separent de l'Asie: sçavoir l'Archipelague, ol. *Mare Ægæum*, la Mer de Marmara, ol. *Propontis*, la Mer Noire, ou Majeure, ol *Pontus Euxinus*, & la Mer de Zabaqué, ol. *Mæotis Palus*.

Entre l'Archipelague, & la Mer de Marmara est le Destroit de Gallipoli, autrement des Dardanelles, ou des Chasteaux, & encor Bras de Saint Georges, ol. *Hellespontus*. Entre la Mer de Marmara, & la Mer Noire est le Destroit de Constantinople, ou Canal de la Mer Noire, ol. *Bosphorus Thracius*. Entre la Mer Noire, & la Mer de Zabacqué, est le Destroit de Caffa ou Vospero, ou encor Bras de Saint Iean, ol. *Bosphorus Cimmerius*.

Puis les Rivieres de Don, ol. *Tanais*, de Wolga ol. *Rha*, & de Oby, ol. *Carambyce*, en tirant une ligne de l'une à l'autre, achevent de diviser l'Europe d'avec l'Asie.

L'assiette de l'Europe est entre le 35. & le 72. degré de latitude; & entre le 10. & le 100. de longitude: encor qu'elle ne remplisse pas tout cét espace. Sa latitude monstre qu'elle est pour la plusspart dans la Zone temperée, & qu'elle n'a rien du tout dedans, ny qui approche de la Torride; qu'elle a quelque chose dedans, & proche de la Gelée.

Mais l'Ocean, & les diverses Mers, qui environnent, & qui entrecoupent les Parties de l'Europe, ont donné un si grand advantage à ses Peuples, qu'ils se sont rendus dés y a long-temps les plus habiles gens du Monde dans les Sciences, dans les Armes, dans les Arts, & dans toutes sortes d'Exercices.

Nous considererons cette Europe en neuf, ou pour revenir mieux à la methode, que mon Pere donne dans ses Tables Geographiques, en trois fois trois principales Regions ou Parties; qui seront les Isles Britanniques, la Scandie ou Scandinavie, où seront les Estats de Dannemarc, & de Suede; la Russie blanche, ou Moscovie: & ces trois Parties sont les plus advancées vers le Septentrion. Au milieu de l'Europe seront la France, l'Allemagne, & la Pologne: au midy de l'Europe seront l'Espagne, l'Italie, & la Turquie en Europe.

Dans cette methode, les trois Parties plus meridionales de l'Europe sont presqu'Isles ; & destachées les vnes des autres : les trois Parties du milieu, & plus avant dans le Continent sont contiguës les unes aux autres. Les trois Parties plus advancées vers le Septentrion sont differentes les unes des autres : l'une est toute en Isles, l'autre pour la plusspart en diverses Presqu'Isles, & la derniere pour la plusspart dans la grande Terre.

Outre ces neuf Parties, il nous restera quelques Estats entre la France, l'Allemagne, & l'Italie : quelques Estats entre l'Allemagne, la Pologne, la Turquie, & la Moscovie : & encor quelques Terres, & Estats dans la Turquie; que nous descrirons, là où l'occasion s'en presentera.

Mais avant que de venir aux parties, disons encor pour le general, qu'il y a trois principales Langues, & trois principales Religions en Europe. Les Langues Latine, Teutonne, & Esclavonne sont aujourd'huy les plus communes, & generales dans l'Europe. La Latine s'estend dans l'Italie, dans la France, & dans l'Espagne, bien qu'en diuers Idiomes : ainsi la Langue Teutonne s'estend dans l'Allemagne, dans les Isles Britanniques, & dans la Scandinavie ; où sont les Estats de Dannemarc, & de Suede : la langue Esclavonne est dans la Pologne, dans la Moscovie, & dans une bonne partie de la Turquie en Europe, & mesme en Boheme ; *&c.* & toûjours en differents Idiomes ou Dialectes : les autres Langues en Europe sont bien moins generales ; comme la Greque, l'Albanoise, la Hongroise, la Tartaresque, dans les parties plus Orientales ; le Basque, le bas Breton, l'Ibernoise, la Laponne, dans les parties plus Occidentales & Septentrionales de l'Europe.

Les Religions, ou plustost les differentes Sectes de Religion (il n'y a presque que le Christianisme en Europe) sont aussi trois plus generales. Sçauoir la Religion Catholique, Apostolique, & Romaine ; de laquelle sont sortis l'Heresie, & le Schisme ; dont les Sectateurs sont appellés Heretiques, & Schismatiques : & ces trois Religions ou Sectes suivent les trois principales langues. La Religion Catholique est presque seule, & par tout, où est la Langue Latine; & s'est conservée aussi en beaucoup d'endroits parmy les autres Langues ; comme en partie de l'Allemagne, en partie de la Pologne, & en divers endroits de la Turquie en Europe. L'Heresie s'est glissée, & est presque seule par tout, où est la Langue Teutonne, peu ailleurs. Le Schisme est presque seul, & par tout, où est la Langue Esclavonne, & la Grecque ; & presque point ailleurs. Au reste la Religion Mahometane est parmy les Turcs naturels en Europe : mais parmy les Peuples, qui leur sont sujects, il y a des Catholiques, des Schismatiques, & des Heretiques.

ISLES BRITANNIQVES, où sont les Royaumes d'Angleterre, d'Escosse, & l'Irlande.

Les Isles Britanniques, sous un seul nom, font un corps de plusieurs & diverses Isles; scituées dans l'Ocean, entre le Septentrion & l'Occident de l'Europe. De ces Isles il y en a une bien grande, une moyenne, & un grand nombre de petites. La plus grande s'est appellée premierement Albion, puis par excellence *Britannia major*, & encor aujourd'huy Grande Bretagne. La Moyenne s'est appellée premierement *Ivernia*, aujourd'huy Irlande.

La plus grande comprend deux Royaumes; Angleterre & Escosse : celuy-cy faisant la partie plus Septentrionale de l'Isle, & celuy-là la plus Meridionale : & s'approche si pres de la France, que de Douvre à Calais, le Trajet n'est que de huict ou dix lieuës; & toute la coste Meridionale d'Angleterre n'est esloignée de celles de Picardie, de Normandie, & de la Bretagne en France, que de 20. 25. ou 30. lieuës. L'Irlande est à l'Occident de la Grande Bretagne, & fait un Royaume. Les petites Isles circonvoisines de la Grande Bretagne & de l'Irlande, sont comprises sous l'un, ou sous l'autre des trois Royaumes, suivant qu'elles en approchent plus ou moins.

Toutes ces Isles ont receu de grands changemens dans leurs Gouvernemens, depuis qu'elles sont connuës : elles estoient possedées par divers Peuples independans les uns des autres, avant que les Romains y missent le pied. Les Romains ont possedé la partie plus Meridionale de la Grande Bretagne, sçavoir où est l'Angleterre, & quelquefois une partie de l'Escosse; n'ont iamais rien eu dans l'Irlande.

Apres les Romains, les Anglois, & les Saxons s'emparerent de la meilleure partie, qui avoit esté aux Romains; & y establirent divers Royaumes; & les naturels du Pays se retrancherent dans la Cambrie, aujourd'huy Principauté de Galles. Puis les Danois & en fin Guillaume le Bastard Duc de Normandie, ont dominé dans l'Angleterre.

Nous dirons quelque chose de plus particulier touchant ces changemens dans nostre Geographie, & ferons voir, quels Royaumes se sont icy formés, quels en Escosse, & en Irlande : & comme ils se sont reünis sous une seule domination. A present nous nous contenterons de dire que ces Isles sont ou doivent estre possedées par le Roy, qui prend le tiltre de Roy de la Grande Bretagne. Cette Grande Bretagne estant la plus grande, la plus noble, & la meilleure partie du tout.

Londres est la principale ville de l'Angleterre, & la plus riche, & la plus puissante de toutes ces Isles; & la residence des Roys de la Grande Bretagne. Edimbourg est la principale d'Escosse, & autrefois residence des Roys d'Escosse. Dublin est la principale d'Irlande, & residence du Viceroy, ou de celuy qui commande en Irlande, au nom du Roy de la Grande Bretagne.

Apres Londres en Angleterre, Yorck, & Bristou ou Bristol sont les plus belles Villes : Londres est sur la Tamise, Yorck sur la Riviere d'Youre, non loin de l'embouchure de l'Humbre; Bristol sur l'Avon, non loin de l'embouchure de la Saverne. La Tamise, la Saverne & l'Humbre sont les plus belles Rivieres de l'Angleterre. Cantorbery a esté Archevesché & Primatiat d'Angleterre. Yorck estoit l'autre Archevesché. Oxford & Cambridge sont les Vniversités.

Apres Edimbourg en Escosse, S. André & Glasquo ont esté les deux Archeveschés ; & les deux Vniuersités sont encor à S. André, & à New-Aberdone. Mais lors que l'Escosse estoit divisée en deux Royaumes, sçavoir des Pictes & des Scots, la residence des Roys Scots estoit à Dunstafag, des Pictes à Abernethy.

En Irlande, les meilleures Villes apres Dublin, & les plus marchandes sont Waterford, & Galloüay. Il y a eu quatre Archevesches, Armagh Primat, Dublin, Toam & Cashel : il n'y a point d'Vniversités. Armagh est dans la Province d'Vlster, Dublin en celle de Leinster ; Toam, & Galloüay en celle de Connaugh ; Watterford & Cashel en celle de Mounster ; les villes de Toam, & de Cashel sont aujourd'huy presque tout en ruines.

La Grande Bretagne, & l'Irlande prises ensemble s'estendent depuis enuiron le $50\frac{1}{2}$. degré de latitude iusques au 59. & depuis le 10. de longitude iusques au $22\frac{1}{2}$: cela fait du midy au Septentrion peu plus, & de l'Occident en Orient peu moins de 200. lieuës Françoises, ou de 400. milles d'Angleterre.

La Position du Pays monstre qu'il tire sur le froid : plus humide dans l'Angleterre, plus froid en Escosse, humide & froid en Irlande.

L'Estain, le Charbon de terre, les Guilledins, les Dogues, les Huistres de l'Angleterre sont en estime. L'Escosse a du fer, du plomb, de l'Azur, quelques mines d'or & d'argent, du Marbre, & quelquefois de l'Ambre gris : & se fait aussi quelque estime des chevaux & des chiens de l'Irlande, mais plus de ses Saumons.

Il y a par tout force laine & belle, particulierement en Angleterre, d'où il ne sort rien que manefacturé : force Cuirs, Suifs, & force Sauvagines, Poissons, *&c.*

L'Angleterre est fort molestée de Corneilles & de Conils, qui luy rongent ses grains, l'Escosse de loups que l'Angleterre a chassé, l'Irlande n'a rien de venimeux.

Cét Estat est sur le point d'vn grand changement : le Parlement apres avoir fait long-temps la guerre & en fin coupé la teste à leur Roy se veut former en Republique, il seroit bien difficile de juger à present ce qui en adviendra.

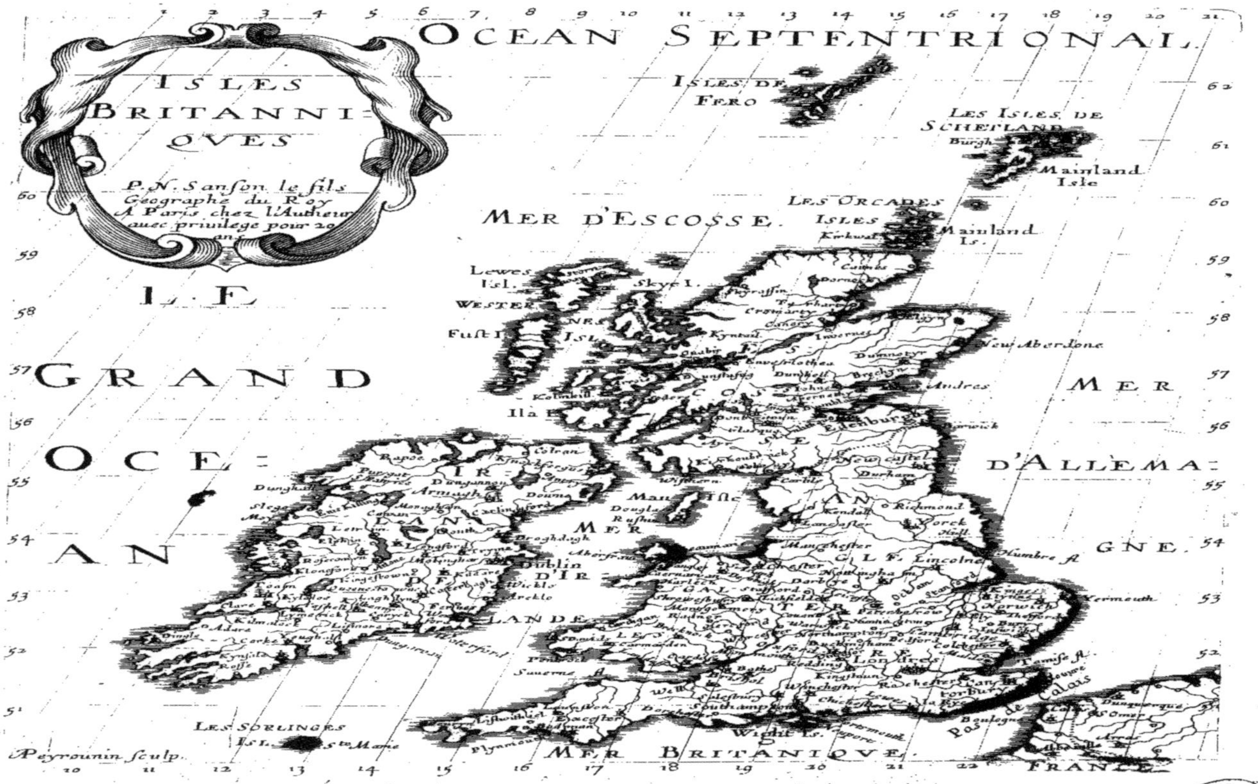

ISLES BRITANNIQVES
P. N. Sanson le fils Geographe du Roy A Paris chez l'Autheur auec priuilege pour 20 ans
OCEAN SEPTENTRIONAL
ISLES DE FERO
LES ISLES DE SCHETLAND
Mainland Isle
LES ORCADES ISLES
Mainland Is.
MER D'ESCOSSE
GRAND OCEAN
MER D'ALLEMAGNE
MER D'IRLANDE
MER BRITANIQVE
LES SORLINGES ISL.
FRANCE
Pas de Calais
Dublin
Edenburg
Londres
Aeyrounin sculp.

SCANDIE OV SCANDINAVIE, où ſont les Eſtats de Dannemarc, & de Suede.

LA Scandie ou Scandinavie n'eſt qu'une preſqu'Iſle, qui s'eſtend depuis le 56. degré de latitude juſques au delà du 71. qui ſont pres de quatre cens lieuës du midy au Septentrion; & depuis le 26. degré de longitude, juſques au 45. ſur la mer Baltique, & ſur l'Ocean juſques au 53. Mais cette maſſe de Terre ne peut avoir en ſa plus grande largeur que cent cinquante lieuës, finiſſant en deux pointes, vers le midy, & le Septentrion.

Cette Scandinavie eſt bornée au Septentrion, & à l'Occident de l'Ocean Septentrional, au midy & à l'Orient de la mer Baltique: une chaiſne continuë de montagnes la coupe en deux parties preſque eſgales, dont l'une eſt ſur la mer Baltique, & l'autre ſur l'Ocean; celle-cy eſt poſſedée par le Roy de Dannemarc, & celle-là par le Roy de Suede.

Et parce que les Eſtats de Dannemarc, & de Suede comprennent diverſes autres preſqu'Iſles, & Iſles aux environs de la Scandinavie, & ſur la mer Baltique, nous les décrirons auec la Scandinavie, & dirons que.

ESTATS DE DANNEMARC.

Les Eſtats de Dannemarc comprennent icy deux Royaumes, ſçavoir Dannemarc & Norwegue; le Dannemarc eſt entre l'Ocean, & la mer Baltique, composé d'une grande preſqu'Iſle contiguë à l'Allemagne; d'une coſte contiguë à la Suede; & de diverſes Iſles, dont la pluſpart ſont entre la preſqu'Iſle, & la coſte cy-deſſus; quelques-unes ſont au milieu de la mer Baltique, & pres de la Livonie.

La preſqu'Iſle s'appelle Iutland, autrefois *Cimbrica Cherſoneſus*; ſe diviſe en Nort-Iutland, & Sud-Iutland .i. Septentrionale Iutlande & Meridionale Iutlande: celle-cy ſe diviſe en deux Duchés, ſçavoir Holſace, où ſont les villes de Lubeck, & de Hambourg; & Sleſwik, avec la ville de meſme nom: celle-là ſe diviſe en quatre Eveſchés, Ripe, Arhus, Arbourg & Wibourg. La pointe de Scagen ou de Scau finit cette preſqu'Iſle vers le Septentrion.

Les Iſles qui ſont entre la Iutland & la coſte, ſont Zelande, Fionie, & autres. En Zelande eſt Coppenhague, ville capitale du Royaume, & pres le Deſtroit du Sond ſi fameux, & qui eſt comme la clef d'entre la mer Baltique & l'Ocean. Dans l'Iſle de Gotland au milieu de la mer Baltique, la ville de Viſby a eſté ſi fameuſe, & ſi marchande, qu'elle a formé les Loix maritimes de la mer Baltique.

La Coſte eſt partie de l'ancienne Gothie ou Gotland: & c'eſt icy où eſt Lunden ſeul Archeveſché du Royaume: & la partie la plus Meridionale de cette coſte s'appelle Sconen, d'où s'eſt formé le nom de Scandie & Scandinavie; & le deſtroit du Sond eſt entre Helſegnor en l'Isle de Zelande, & Helsinbourg sur cette coste : mais la ville plus marchande est Malmogen ou Malmo, & la plus forte Christianopel.

La Norwegue est vne coste qui commence dés la mer Baltique, & s'estend sur l'Ocean, dans la longueur de cinq à six cens lieuës : mauvais Païs, & froid ; estant partie dans la Zone froide, & le reste proche de cette Zone, & déja dans l'inclemence du froid.

Ce Royaume est divisé en cinq Gouvernemens, qui prennent leurs noms des places, où demeurent les Gouverneurs. Bahus est le plus Meridional, puis en remontant vers le Septentrion, Aggerhus pres Opslo. Bergenhus est à Bergen ville marchande. Trondenhus à Tronden autrefois residence des Roys de Norwegue, & Siege de l'Archevesque. Wardhus est au delà de Nort-cap, & bien avant dans la Zone froide. Nort-cap est la pointe la plus Septentrionale de l'Europe.

SVEDE.

Les Estats de la Suede sont entierement sur la mer Baltique, & occupent toutes les Regions, & Provinces, qui sont à l'Occident, au Septentrion, & à l'Orient de cette mer : ce qui est au midy est de la Pologne, de l'Allemagne, & du Dannemarc.

Ces Estats de Suede sont bornés à l'Occident, & au Septentrion, par les Estats du Dannemarc ; à l'Orient, de ceux de Moscovie ; au Midy, de la mer Baltique en partie, & en partie de la Pologne, & du Dannemarc : comprennent quatre principales Regions, Gotlande, Suede, Finlande, & Livonie ; encor partie de la Lapponie, sçavoir la plus Meridionale, & qui est sur la mer Baltique ; les autres deux parties de la Lapponie appartenans, la plus Septentrionale, & sur l'Ocean Septentrional, au Roy de Dannemarc, comme R. de Norwegue ; la plus Orientale, & vers la mer Blanche, appartenant au Moscovite. La Ingrie au fond du Golfe de Finlande, & qui a esté tirée de la Moscovie, peut faire la sixiéme partie.

La Gotlande, & la Suede occupent ce qui est à l'Occident de la mer Baltique; la Finlande, & la Livonie, ce qui est à l'Orient. La Gotlande se subdivise en Ostrogotlande, & Westrogotlande .i. Terre des Gots Orientaux & Terre des Gots Occidentaux : & c'est d'icy d'où sont venus les noms des Ostrogots, & Wisigots. La Suede se subdivise aussi en Sueonie, & Norlande .i. Terre de Septentrion. La Finlande encor en Finlande, & Terres adjacentes. La Livonie en Esten ou Estonie, & Letten ou Lettonie : & ces parties se subdivisent en plusieurs Provinces.

La ville capitale de l'Estat & la residence des Roys, est Stockholme dans la Province d'Vplande, qui est de la Sueonie, où est encor Vpsal Archevesché. Calmar où les Suedois faisoient leurs embarquemens pour l'Allemagne, est la plus fameuse de la Gotlande. Abo & Wibourg de la Finlande. Riga Archevesché de la Livonie.

SCANDINAVIE
ou sont les Estats de
DANEMARK, de SVEDE &c.
Par N. Sanson le fils, Geog. du Roy
A Paris chez l'Auteur
Auec Privil.
OCEAN SEPTENTRIONAL.
OCEAN
CALEDONIEN.
Isles de Fero
Isles de Schetland
Orcades Isles
LAPPONIE.
NORWEGE
SVEDE.
GOLFE DE BOTNIE
FINLANDE
MER BLANCHE ou GOLFE de S.t NICOLAS.
MOSCOVIE.
MER BALTIQUE.
MER D'ALLEMAGNE.
ESCOSSE
ANGLETERRE
IRLANDE
DANEMARK
LIVONIE
CVRLANDE
INGRIE
LITHVANIE.
POLOGNE.
PRVSSE
POMERANIE
ALLEMAGNE.
Amstredam
Peyrounin sculp.

RVSSIE BLANCHE OV MOSCOVIE.

LA Russie blanche ou Moscovie respond à l'entiere Sarmatie des anciens, qu'ils divisoient en Sarmatie Européenne, & Sarmatie Asiatique ; la partie plus Orientale de la Moscovie respond à celle-cy, la plus Occidentale à celle-là. Cette distinction a fait que les autheurs modernes ont estimé la Moscovie, partie en Asie, & partie en Europe : mais les plus habiles la mettent entierement ou en Asie, ou en Europe : & la plusspart plustost en Europe qu'en Asie ; soit parce que la meilleure partie du tout est du costé de l'Europe, soit parce que le Knes ou Czar du Pays demeure du costé que l'on estime en Europe, soit parce que si la Moscovie estoit separée de l'Europe, cette Europe seroit trop inesgale à l'esgard des deux autres Parties de nostre Continent.

Les Estats de la Moscovie comprennent trois Royaumes, environ trente Duchés ou Provinces, & vingt Peuples ou Nations, qui vivent par Hordes & Communautés. Dans le Duché de Moscovie est Moscou, à present residence du Grand Duc de Moscovie. Dans le Duché de Wolodimerie, est Wolodimer, autrefois residence de ces Ducs. Dans la Prouince de Dwine & sur la Riuiere de Dwine, qui se décharge dans la mer Blanche, est la ville de Saint Michel l'Archange, place fameuse pour le negoce de ses fourrures, *&c.* Outre ces Provinces, le Grand Duc de Moscovie tient à present devers l'Asie, les Royaumes de Casan, de Bulgarie & d'Astracan, *&c.* Casan ville & Royaume est vers le milieu du cours de la Riviere Volga. Bulgar ville de la Bulgarie est au delà de cette Riviere, & Astracan là où cette Riviere est déja divisée en plusieurs branches, avant que d'entrer dans la mer Caspienne.

L'Estat entier du Grand Duc de Moscovie est plus grand en estenduë qu'aucun autre de l'Europe : il a cinq à six cens lieuës, & quelquefois plus de longueur & largeur, s'allongeant du 48. degré de latitude jusques au 70. ou 72. & depuis le 50. de longitude jusques au 100. & quelquefois au 110. Les Rivieres principales sont le Volga, le Don ou Tana, la Dwine & l'Oby. Le Volga tombe dans la mer Caspienne, le Don dans la mer de Zabaqué, ol. *Palus Mæotis.* la Dwine dans la Mer blanche, qui est vn Golfe de l'Ocean Septentrional : l'Oby dans l'Ocean Septentrional ou Glacial : le Borysthene aujourd'huy Nieper, est presque entierement dans la Pologne.

Outre les villes de Moscou, de Wolodimer, & de Saint Michel l'Archange ; outre Casan, Bulgar & Astracan sont encor celles de Novogrodeck Weliki, de Plescou, Tuuer, Rschoua, Rezan, Worotin, Biela, Iaroslau, Rostou, Susdal, & autres capitales de leurs Duchés. Nisi-Novogorod est à la rencontre du Volga & de Occa, Ostiuga à la rencontre de la Dwine & de Iouga est marchande, encor

Saint Nicolas ſur la mer Blanche, & ſur l'vne des emboucheures de la Dwine, comme Saint Michel l'Archange eſt là où cette Riuiere commence à ſe diviſer en pluſieurs branches.

La Moſcovie a ſes Eſtats bornés au Septentrion de l'Ocean Septentrional ou Glacial, qui s'appelle Mauremanskoi-more vers la Norwegue, Petzorke-more au deſſus de la Moſcovie, Niaren-more vers la Tartarie : bornés au midy de la mer Caſpienne, & de divers Peuples, qui ſont entre la mer Caſpienne & la mer Noire, ou Pont Euxin ; ſçavoir des Circaſſi, des Petigori, puis des petits Tartares, qui ſont aux environs de la mer de Zabaque. A l'Orient ils ſont touſjours bornés de la grande Tartarie, qui eſt en Aſie, & au de-là du Volga & de Oby ; à l'Occident de la Norwegue, qui eſt au Roy de Dannemarc; puis des Eſtats de la Suede, & de Pologne. Tout le Pays a force Elans, Cerfs, Ours, Loups, Renards, Martres Zibelines, *&c.* deſquelles il ſe tire toute ſorte de fourrures de prix, des Cuirs, des Peaux, *&c.* & fournit auſſi des grains, de la Cire, du Miel, du Suif, de la Poix, du Lin, de la Chanvre, du Fer, du Sel, & autres denrées.

Il y a par tout force lacs, & des plus grands qu'il y ait en Europe; comme ceux de Ladoga, de Onega, de Biela Oſera, d'Ilmen & autres vers le Septentrion ; ceux de Reſanskoy Oſera, de Iwanow Oſera & autres vers le midy : nombre de Foreſts, dont la plus renommée eſt celle d'Epiphanow : peu de montagnes, ſi ce ne ſont celles de Roglowi, entre le Tana & le Wolga ; & celles de Camenopoij ou de Stolp, .i. Colonne du monde, qui ſont vers Petzora, & entre la Dwine & l'Oby ; & celles-cy ſont eſtimées eſtre les anciens Monts Riphées, qui bornoient le monde d'vn coſté, comme le Mont Atlas de l'autre.

La Moſcovie eſt mal peuplée, & particulierement vers le Septentrion & vers l'Orient, ces quartiers eſtans froids & pleins de Foreſts, & quelques-vns de ſes Peuples eſtans idolatres. Ce qui eſt vers la Suede & la Pologne eſt mieux frequenté, plus ciuiliſé, & ſes villes mieux baſties, bien que la pluſpart de bois & de terre ſeulement. Ce qui approche du midy, & qui devroit eſtre le meilleur eſt en partie Mahometan, & ſouvent infeſté des Petits Tartares.

Le Grand Duc de Moſcovie ne laiſſe d'eſtre eſtimé riche, tant à cauſe de l'or, de l'argent, des pierreries, *&c.* (tout ce qui entre dans le Pays de cette nature luy demeure) qu'il poſſede, & qu'il garde en ſes Treſors ; que parce qu'il diſpoſe abſolument des biens de ſes ſujets. Il y a vn Patriarche à Moſcou, trois Archeveſques, ſçavoir à la grande Novogorod, & celuy-cy eſt le premier, & a quelques privileges au deſſus des autres deux, qui ſont à Suldal, & à Roſtou : Sept ou huict Eveſques qu'ils nomment Vladichi, deux Abbés ſeulement, nombre de Prieurs, & autres Eccleſiaſtiques.

RVSSIE BLANCHE ou MOSCOVIE Par N. Sanson le Fils Geog. du Roy Avec privil.
OCEAN SEPTENTRIONAL.
Mourmanskoi More
Petzorke More
Niaren More
Nort Cap
Wardhuys
Kolgoi Ostrof
EST. DE DANEMARK.
MOVRMANSKOI.
Kola
TERSKOI.
LEPORIE.
LEPORIE.
LAMO: RES: KOI.
Bella More
Mr. Blanche
ESTATS DE SVEDE.
FINLANDE.
St. Michel Archangel
DWINA.
CONDORA.
IVHORSKI.
PETZORA.
HVGRITZCHI.
SAMOIEDÆ.
VOGVLICHI.
OBDORA.
TINGOESI.
GIVSTIVSKI.
LOPPI.
SIBERIA.
Tobolk
CALAMI.
LVCOMORIA.
SLEPO: NOVTZI.
PERMSKI.
Pegta Horda.
Welikí Perm
VIATKA.
CZEREMISSI.
LOGOVOI.
FOENOSI.
CAZAN ROYAV:
Cazan
SCIBANSKI.
G. de Finlande.
INGRIE.
NOVOGOROD.
LIVONIE.
WOLOGDA.
BIELOZERO.
IAROSLAW.
ROSTOV.
MOSCOVIE.
Moskow
WOLODIMERIE.
CZEREMISSI NAGORNOI.
VACHI.
Bulgar
BVLGAR ROYAUME.
COSASKI.
MORDVATES.
MONTANI.
REZAN.
NAGAIA HORDA.
Samara
EST. DE POLOGNE.
Smolensko
ROYAUME D'ASTRACAN.
Astracan
KOLMACKI.
TARTARIE DESERTE.
TVRCMEN.
PETITE TARTARIE.
Mer de Zabaque ou Palus Moeotis
Asof ou Tana
NAGAISKI
PETIGORI.
MER CASPIENNE.
GRANDE TARTARIE.
A. Peyrounin sculp.

I

FRANCE.

LA France est la plus belle Region, le plus beau, & le plus puissant Royaume de l'Europe : elle est scituée aux environs du 45. degré de latitude, qui est le milieu de la Zone temperée ; toutes les autres parties de l'Europe au dessous, ou au dessus de ce Paralelle, estans plus chaudes, ou plus froides ; elle est baignée de l'Ocean vers l'Occident, de la Mer Mediterranée vers le Midy ; tient l'ouverture de l'Ocean Septentrional : est au milieu de ce qui est de plus beau, & de plus poli dans l'Europe ; s'estend depuis environ le 42. degré de latitude jusques au 51. & depuis le 15. de longitude jusque au 29. qui sont de longueur & de largeur 200. ou 225. lieuës. Elle est contiguë aux Pays-Bas vers le Septentrion ; à l'Allemagne, & à l'Italie vers l'Orient ; à l'Espagne vers le Midy. Rien ne la separe des Pays-Bas qu'vne ligne imaginaire ; divers petits Estats la separent de l'Allemagne, les Alpes de l'Italie, les Pyrenées de l'Espagne.

Nous remarquerons ailleurs ses differents Ordres, & leurs Gouvernemens ; & nous nous contenterons de dire à present, que dans les Assemblées de ses Estats generaux, là où le Clergé, la Noblesse, & le Tiers Estat ont leurs sceances, elle s'est tousiours repartie, au moins depuis long-temps, en douze Gouvernemens generaux : dont les quatre se rencontrent au deçà, ou si vous voulez au Septentrion de la Loire ; quatre dessus, & aux environs de la Loire, & qui touchent peu ou prou à la Loire ; quatre autres au delà, ou au Midy de la Loire.

Les quatre deçà sont la Picardie, la Normandie, l'Isle de France & la Champagne ; les quatre aux environs de la Loire, sont la Bretagne, l'Orleanois, la Bourgogne & le Lyonnois ; les quatre au delà, sont la Guyenne & Gascogne, le Languedoc, le Dauphiné, & la Provence. Dans chaque Gouvernement il y a nombre de Villes qui ont sceance dans ces Estats, il suffira à present d'en dire les principales.

Amiens est capitale de la Picardie, puis Abbeville en Ponthieu, Saint Quentin en Vermandois, Calais dans le Pays reconquis, & qui fait partie du Boulenois. Roüen est capitale de la Normandie, puis Caën dans la Basse, Dieppe est encor ville de negoce, le Havre de Grace est la plus forte de la Province. Paris est capitale non seulement de l'Isle de France, mais de tout le Royaume ; & nous pouvons dire la plus riche, la plus puissante, & la mieux peuplée de l'Europe, ce qui ne vient que de la residence de nos Roys, depuis vn long-temps ; Beauvais, Meaux, Soissons, *&c.* En Champagne sont Troyes, Chaalons, Rheims, Sens, Langres. En Bretagne sont Nantes, Rennes., saint Malo, Vennes, Morlaix.

Sous le nom du Gouvernement d'Orleanois, nous comprenons

diverſes Provinces deçà, deſſus, & delà la Loire; & il y a nombre de belles Villes, capitales chacune de leur Province; comme Chartres en Beauce, le Mans dans le Maine, Angers en Anjou, Tours en Touraine, Orleans en Orleanois, d'où le Gouvernement a tiré ſon nom, Nevers en Nivernois, Bourges en Berry: Angouleſme en Angoumois, Poićtiers en Poićtou, la Rochelle dans le Pays d'Aunis. En Bourgogne ſont Dijon, Autun, Beaune ; puis Challon, Maſcon, Bourg en Breſſe, Dans le Lyonnois, Auvergne, *&c.* ſont Lyon dans le Lyonnois, Monbriſon en Forez; Clermont en Auvergne, Moulins en Bourbonnois, Gueret en la Marche, *&c.*

Dans le Gouvernement de Guyennne & Gaſcogne, ſont Bourdeaux capitale du Gouvernement general, & dans la Guyenne particuliere; Saintes en Saintonge, Perigueux en Perigort, Limoges en Limoſin, Cahors en Quercy, Rodez en Roüergue, Agen en Agenois; & cecy ſe prend ſous le nom general de Guyenne, ſeparée de la Gaſcogne: ſous le nom de Gaſcogne ſeparée de la Guyenne, ſont Baſas en Baſadois, Dax dans les Lanes, Nerac en Albret, Condom en Condomois, Aux & Lećtoure en Armagnac, ſaint Bertrand en Comminges, Tarbe en Bigorre, Bayonne en Baſque; auſquelles ſe doiuent adjouſter Pau, Leſcar, Oleron, & Ortes en Bearn, & Sainćt Palais dans la Baſſe Navarre. Le Languedoc a trois quartiers, Toloſe, Alby, Carcaſſonne & Foix ſont du Haut Languedoc; Narbonne, Beziers, Montpellier, Niſmes & Beaucaire du Bas; Mende en Givandan, le Puy en Velay, Viviers en Vivarais, dans les Sevennes. Grenoble eſt la capitale du Dauphiné, puis Vienne, Valence, Embrun, *&c.* En Provence, Aix, Arles, Marſeille. Le meilleur Port que nous ayons ſur la Mer Mediterranée eſt Tholon en Provence, comme Morbihan en Bretagne, & ſur l'Ocean.

Avec les douze Gouvernemens generaux, nous devons adjouſter la Lorraine, où ſont Mers, Toul, Verdun: puis Nancy ſejour des Ducs de Lorraine, encor adjouſter les Principautés de Sedan; & de Charleville, qui ſont entre les mains du Roy. Avignon & ſon Comtat dans la Provence, ſont au ſainćt Siege; Orange, & ſa Principauté au milieu du Comtat d'Avignon, eſt au Prince d'Orange; la Principauté de Dombes en Breſſe, eſt à Madamoiſelle.

Toute la France a 15. Archeveſchés, dont Lyon eſt le Primat, 105. Eveſchés, dix Parlements; entre leſquels Paris a preſque autant d'eſtenduë, comme tous les autres enſemble: ſous ces Parlements, ſont 150. & tant de Balliages ou Iuſtices Royales, dependantes immediatement des Parlements. Vingt-quatre Generalités, & environ deux cens cinquante Eſlećtions, & Receptes des deniers Royaux; & dans les Gouvernemens generaux de Milice, environ deux ou trois cens Gouvernemens particuliers. Mais nous traiterons de la France plus amplement, quand nous en aurons l'occaſion.

FRANCE
Par N. Sanson le fils
Geographe du Roy
PARTIE D'ANGLETERRE
Londres
Bristol
Rochester
Canterbury
Douvre
Southampton
Chichester
Lewes
Wight Is.
MER BRITANIQUE
Boulogne
Dieppe
Le Havre
Rouen
Caen
Bayeux
Garnsey I.
Iersey I.
LE GRAND
OCE:
AN
MER DE
GVASCOGNE
Bel Isle
Ré Isle
Oleron Isle
Nantes
Saumur
Angers
Orleans
Paris
Reims
Chaalons
Troyes
Dijon
Besançon
Lyon
Vienne
Valence
Briançon
Turin
Milan
Bordeaux
Blaye
Limoges
Clermont
Brive
Cahors
Agen
Tolouse
Arles
Marseille
Toulon
PROVENCE
DAVPHINE
PICARDIE
CHAMPAGNE
LORRAINE
BRETAGNE
NORMANDIE
BOVRGOGNE
GVIENNE
GASCOGNE
NAVARRE
ARRAGON
CATALOGNE
BISCAYE
CASTILLE
PARTIE DES PAGNE
Pampelona
Perpignan
Leucate
Andorra
GO. DE LYON
MER MEDITERRANEE
MER DE GENES
Genoa
Piombino
Elbe I.
LES SVISSES
GRISONS
VENISE
ITALIE
Parma
Modena
Mantoue
Cologne
Mayence
Francfort
Treves
Strasbourg
Basle
Zurich
Lucerne
Berne
Peyrounin sculp.
16 17 18 19 20 21 22 23 24 25 26 27 28 29 30 31 32 33
52 51 50 49 48 47 46 45 44 43 42

ALLEMAGNE.

L'ALLEMAGNE est au milieu des trois parties, que nous avons mis au milieu de l'Europe ; & s'estend du 45. degré ½ de latitude iusques au 54½ & du 28. de longitude iusques au 41. qui sont 200. ou 225. lieuës Françoises de longueur & largeur. Cette position monstre qu'elle est au dessus du milieu de la Zone temperée ; & les Alpes luy servant de borne du costé de l'Italie, qui est à son midy, retiennent encor le chaud du costé de l'Italie, & laissent le froid du costé de l'Allemagne.

Cette Allemagne se doit considerer en trois grandes parties ; dont chacune se subdivisera encor en trois autres. Nous appellerons les trois grandes parties, l'Allemagne aux environs du Rhein ; l'Allemagne aux environs du Danube, & l'Allemagne aux environs de l'Elbe & de l'Oder. L'Allemagne aux environs du Rhein, se doit subdiviser en Estats ou Regions qui sont deçà, dessus, & delà le Rhein : l'Allemagne aux environs du Danube, se doit subdiviser en Haute, Moyenne, & Basse partie : dont la premiere se peut appeller Soüabe, de sa plus noble partie ; comme la seconde, Baviere ; & la derniere, Austriche. L'Allemagne aux environs de l'Elbe & de l'Oder, se doit encor subdiviser en Haute ou Boheme, & en Basse ou Saxe ; où il y a Haute, & Basse Saxe.

Deçà le Rhein seront la Bourgogne Comté, la Lorraine, & les Pays-Bas Catholiques ; & les villes principales de la Franche-Comté sont Besançon, & Dole ; de la Lorraine, Mets, & Nancy ; des Pays-Bas Catholiques, Anvers, & Bruxelles. Dessus le Rhein sont l'Alsace, le Palatinat du Rhein, les Archevesches & Eslectorats sur le Rhein, les Estats de la succession de Cleves & Iuliers, & les Provinces Vnies des Pays-Bas. En Alsace les plus belles villes sont Strasbourg, Fribourg en Brisgou, Haguenau, & Brisac la plus forte. Dans le Palatinat du Rhein, Heidelberg, Spire, & Wormes. Mayence, Treves, & Cologne sont capitales de leurs Archeveschés, & Eslectorats. Dusseldorp, Iuliers, & Wesel sont dans les Estats de la succession de Cleves, & Iuliers. Amstredam est la plus riche & la plus puissante qu'il y ait dans les Provinces Vnies des Pays-Bas. La Haye est le lieu où leurs Deputez s'assemblent. Au delà du Rhein sont la Franconie, la Hesse, & la Westphalie : En Franconie sont Nuremberg, Wirtzbourg, dont l'Evesque est Duc de Franconie, & Francfort sur le Mein. En Hesse, Cassel, & Marpug sont capitales de leurs Langraviats. En Westphalie Munster, Embde, Zoest, sont les plus belles villes.

L'Allemagne aux environs du Danube, est déja subdivisée en Haute ou Soüabe ; en Moyenne ou Baviere ; & en Basse ou Austriche : Nous entendons sous le nom de Soüabe, la Soüabe & la Suisse ; sous le nom de Baviere, la Baviere & le Tirol; ſous le nom d'Auſtriche, l'Archiduché d'Autriche & les Eſtats voiſins, ſujets, & hereditaires de long-temps à la Maiſon d'Auſtriche.

En Soüabe, les plus belles villes ſont Augſbourg, Vlm, Conſtance, Nordlingen villes d'Empire, Stutgard reſidence des Ducs de Wirtemberg. En Suiſſe, Baſle, Berne, Zurich, ſont capitales de leurs Cantons, Coire capitale des Griſons, Geneve alliée des Suiſſes, *&c.* I'ay compris les Suiſſes auec la Soüabe, parce que la plus part des Suiſſes autrefois & encor aujourd'huy partie de leurs alliés ſe trouvent aux Diettes de l'Empire, ſous le Cercle de Soüabe.

La Baviere eſt diviſée en Duché, & Palatinat; Munick eſt capitale du Duché, Amberg du Palatinat; Saltzbourg Archeveſché, Paſſau Eveſché, Ratiſbone ville d'Empire, *&c.* ſont dans le Duché. Le Tirol eſt contigu au Duché de Baviere, Inſpruck eſt la capitale. Les Eveſchés de Trente, & de Brixen ſont en ſa protection.

L'Auſtriche occupe les deux Rives du Danube. Vienne, ſa capitale eſt le plus ſouvent la reſidence de l'Empereur. Lintz eſt capitale de la Haute Auſtriche. Les Duchés de Stirie, de Carinthie, & de Carniole, le Comté de Cilley, le Marquiſat des Vindes ſont hereditaires, & vnis à l'Auſtriche. Gracz eſt en Stirie, S. Veit en Carinthie, Laubach en Carniole, Cilley dans ſon Comté, Metlin dans la Marche des Vindes.

L'Allemagne aux environs de l'Elbe & de l'Oder cõprend la Boheme, la Haute & Baſſe Saxe. A la Boheme Royaume ſont incorporés, les Duchés de Sileſie, Marquiſats de Moravie & de Luſace; Prague eſt la capitale de la Boheme, & quelquefois reſidence de l'Empereur, Breſlau de la Sileſie, Olmutz de la Moravie, Bautzen de la Luſace. Glatz Comté, & la Seigneurie d'Egra appartiennent encor à la Boheme.

La Haute Saxe ſe peut diviſer en Saxe, Brandebourg, & Pomeranie: la Saxe appartient pour la pluſpart au Duc & Eſlecteur de Saxe, qui demeure à Dreſde en Miſnie. Witteberg eſt capitale du Duché particulier de Saxe, Erford du Langraviat de Turinge. Le Marquis & Eſlecteur de Brandebourg demeure à Berlin. Les Ducs de Pomeranie demeuroient à Stetin.

Dans la baſſe Saxe ſont les Archeveſchés de Magdebourg, & de Breme; les Eveſchés de Ferden, d'Hiddelshein, & de Halberſtat; les Duchés de Holſtein ou Holſace, où ſont Kyell & Glukſtat; de Meckelenbourg où ſont Wiſmar & Roſtoch; de Lauenbourg, de Lunebourg, de Brunſvick *&c.* puis les villes de Lubeck, de Hambourg, *&c.*

Ie n'ay conſideré l'Allemagne qu'en general, parce que mon Pere a vn traicté entier, touchant les Eſtats, & Principautés de l'Allemagne, qu'il donnera au jour à la premiere occaſion.

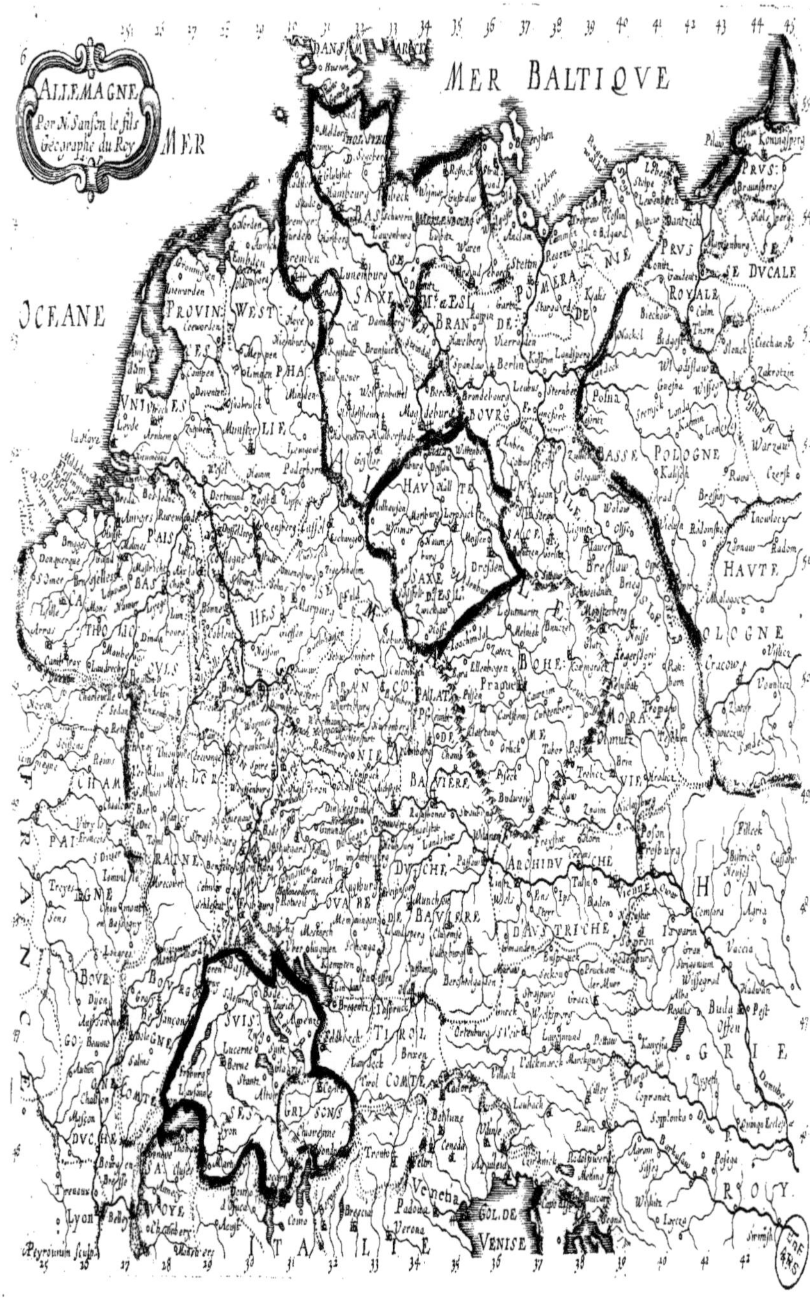
ALLEMAGNE
Par N. Sanson le fils
Géographe du Roy
MER BALTIQVE
MER
OCEANE
FRANCE
ITALIE
POLOGNE
HONGRIE
Peyrounin sculp.

POLOGNE.

LEs Estats de la Couronne de Pologne se doivent considerer de deux sortes ; & appeller les vns Estats de la Pologne, & les autres, Estats de la Lithuanie : la Pologne & la Lithuanie ayant eu cy-devant, & separément leurs Roys, & leurs Ducs, & n'estants vnis que depuis deux cens soixante & tant d'années. Les Estats de la Pologne seront, la Pologne que nous divisons en Haute & Basse, ou petite & grande ; en Mazovie Duché, & en Prusse encor Duché. Les Estats de la Lithuanie seront la Lithuanie, la Volhynie & la Podolie toutes Duchés : Mais la Lithuanie beaucoup plus grande que les autres ; & c'est pourquoy celuy qui les possedoit, portoit tiltre de grand Duc de Lithuanie.

Tous ces Estats de Pologne, & de Lithuanie pris ensemble, s'estendent depuis environ le quarante-huictiesme degré de latitude, jusques au 57. qui sont 225. lieuës Françoises, & depuis le 38. de longitude jusques au 61. qui font 350. lieuës Françoises : & font presque le double de la France en continence. Ils sont bornés au Septentrion en partie de la Livonie, qui est de la Couronne de Suede ; & en partie de la Moscovie : à l'Orient pour la pluspart de la Moscovie, & en partie de la petite Tartarie : au Midy les Monts Crapack, & le Niester Fleuve la separent de la Hongrie, de la Transilvanie & de la Moldavie ; à l'Occident, ils sont bornés de l'Allemagne, & touchent en partie à la Mer Balticque.

Ils sont divisés par tout en Palatinats & en Chastellenies; la Pologne particulierement prise, est divisée en Haute & Basse. Cracou est capitale de la Haute, voire de toute la Pologne, ses Roys y faisant le plus souvent leur residence ; Posna & Gnesna sont les principales de la Basse. Outre Cracou dans la Haute, il y a Sendomire & Lublin où sont les Palatinats. La Province de la Russie noire, est estimée faire partie de cette Haute Pologne, sa capitale est Leonberg, puis Belz Palatinats ; les Palatinats de la Basse Pologne sont à Posna, Calish, Sirad, Lencici, Dobrzin, Rava, & Plosk : la Cujavie est estimée faire partie de cette Basse Pologne, & ses Palatinats sont à Brzesti & Vladislau.

La Mazovie n'a qu'vn seul Palatinat à Czersk, & sous lequel est comprise la ville de Warsau, qui est la plus belle, & assez souvent aujourd'huy le sejour du Roy de Pologne. La Prusse se considere en deux parties, qu'ils appellent Royale & Ducale. La Royale est immediatement sujette à la Couronne de Pologne, & à ses Palatinats dans les villes de Marienbourg, Culm, Elbing, & Dantzick ; toutes belles villes, & la derniere la plus grande & la plus marchande. Thorne bien qu'elle n'ait point de Palatinat est la meilleure apres Dantzick, puis Elbing, *&c.* La Prusse Ducale est au Marquis de

Brandebourg, qui en releve de la Couronne de Pologne. Son Palatinat seul est à Conixberg, .i. Royalmont ville encor grande & marchande : & c'est au devant de sa coste où il se recueille vn si grand nombre d'Ambregris.

La Polaquie est vne petite Province, entre les Estats de Pologne & de Lithuanie, & semble qu'elle ait esté de la Mazovie. Biesk est le Siege de son Palatinat, & jusques icy sont les Estats de Pologne, presque tous sur la Vistule, & sur les Rivieres, qui tombent pour la plusspart dans la Vistule ; & les trois plus belles villes de ces Cartiers sont sur cette Riviere, Cracou vers le Haut, Varsau sur le milieu, Dantzick vers sa principale emboucheure à la Mer.

LITHVANIE.

Les Estats de la Lithuanie sont à l'Orient des Estats de la Pologne, & pour la plusspart aux environs du Dnieper ou Borysthene ; ils sont divisés en Palatinats, comme la Pologne. Wilne est la capitale de l'Estat & premier Palatinat : les autres sont Troki, Braslaw, Minsk, Mcislaw, Novogrodeck, Polosk, Vitepsk & Breſſici ; celle-cy dans le quartier qu'ils appellent la Polesie. La Samogitie n'a point de Palatinat, Rosienie en est estimée la capitale. Lusuc est le Palatinat de la Haute Volhynie, Kyou capitale de toute la Province est aussi Palatinat pour la Basse ; comme Kamieniec ou Camenece est capitale de toute la Podolie, & Palatinat de la Haute, Braclau de la Basse Podolie.

Les Turcs tiennent Oczacou au bas de la Podolie, & sur la mer Noire ; tiennent Dassau au bas de la Volhynie, & sur le Borysthene. Les Suedois ont aussi pris depuis quelques années presque toute la Livonie sur les Polonois ; le Duché de Curlande où est Nittau en estant resté seul sous la Protection de la Couronne de Pologne : & d'ailleurs, le Vayvode de Moldavie, & quelquefois encor celuy de Valaquie rendent certains devoirs à la Pologne. Dans la Lithuanie il y a divers Duchés, comme de Slusck, de Neswies, de Birze & autres, dont les Princes sont puissants, & ont de grands Privileges : les Duchés de Smolensko, & de Novogrodeck Sewierski, qui ont vne grande estenduë, & qui couvrent toute la Lithuanie du costé de la Moscovie, sont aujourd'huy de la Couronne de Pologne, ayans esté auparavant de la Moscovie.

La Pologne, & tous ses Estats ont des grains & des fruits, mais qui sont maigres ; ce qu'elle a de meilleur sont ses chevaus, ses fourrures, puis des lins, de la chanvre, de la cire, du miel, du sel, de l'ambre-gris, *&c.* Entre ses Rivieres, la Vistule ou Weissel est le plus fameux de la Pologne, puis le Niemen, & la Duine ; le Borysthene aujourd'huy Dnieper est le plus fameux de la Lithuanie, encor le Niester, ceux-cy tombent dans la Mer Noire ou Majeure, ceux-là dans la Mer Balticque.

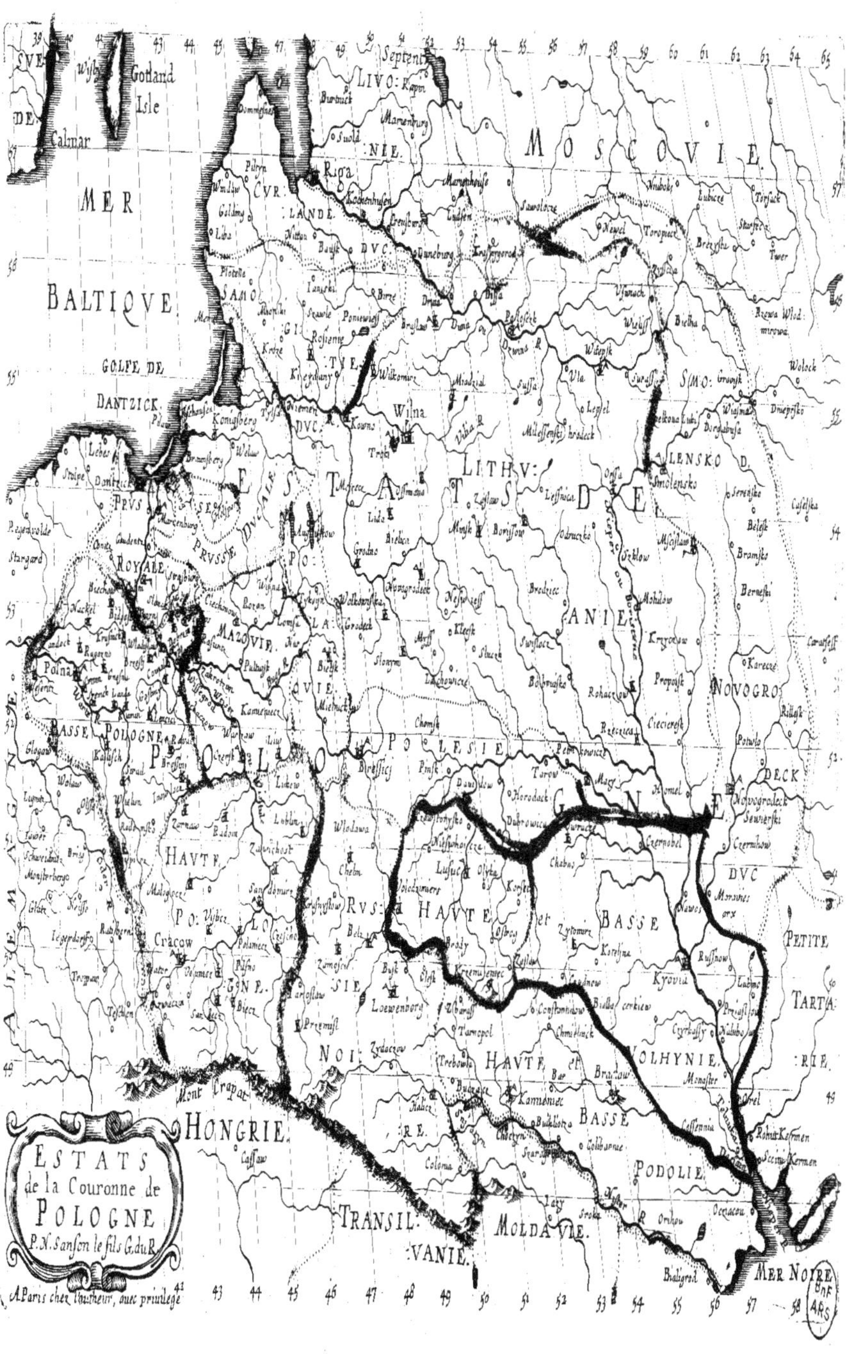
ESTATS
de la Couronne de
POLOGNE
P. N. Sanson le fils G. du R.
A Paris chez l'autheur, avec privilege
MER BALTIQVE
GOLFE DE DANTZICK
MOSCOVIE
HONGRIE
TRANSILVANIE
MOLDAVIE
MER NOIRE
PETITE TARTARIE
Riga
Wilna
Cracow
Kyovia
Smolensko
Kaminiec

ESPAGNE.

ENTRE les parties plus Meridionales de l'Europe, l'Espagne est la plus advancée vers l'Occident : bagnée presque entierement de l'Ocean, & de la mer Mediterranée ; sçavoir de l'Ocean vers le Septentrion, vers l'Occident, & en partie vers le midy ; de la mer Mediterranée, vers l'Orient, & en partie vers le midy. Entre le Septentrion & l'Orient, elle est contiguë à la grand-Terre, là où les Monts Pyrenées la separent de la France ; d'où elle s'advance jusques au Destroit de Gibaltar, qui est l'ouverture de l'Ocean à la mer Mediterranée, & qui separe l'Espagne de l'Afrique.

Cette Espagne s'estend depuis le $35\frac{1}{2}$ degré de latitude jusques au $43\frac{1}{2}$ qui font 200. lieuës Françoises, du midy au Septentrion : & depuis le 9. degré de longitude jusques au 24. qui font 250. & tant de lieuës : cela s'entend dans la plus grande longitude & latitude.

Cette Espagne a receu ses premiers Peuples des Celtes, d'où est venu le nom de *Celtiberi, quasi Celtæ ad Iberum, &c.* puis les Pheniciens, & les Carthaginois occuperent les parties plus Meridionales, & plus proches de l'Afrique, & tascherent de se rendre Maistre de tout le Pays : les Romains les en chasserent, & l'ont possedé entierement. Dans le declin de leur Empire, les Gots, les Vandales, les Sueves, les Alains, & les Silinges s'y establirent, & la partagerent entr'eux: les Gots à la fin en demeurerent seuls les Maistres ; jusques à ce que les Maures les eurent vaincus, & reduis à se retirer dans les Montagnes de Leon, des Asturies & de Galice. Charles Martel ayant deffait ces Maures dans la France, & du depuis encor Charles Magne leur ayant fait la guerre dans l'Espagne ; les Gots, commencerent à respirer, & sortir de leurs Montagnes ; & petit à petit ont repoussé, & en fin jetté ces Maures hors de l'Espagne, ce qui ne s'est fait que dans l'espace de sept ou huict cens ans ; pendant quoy, il s'est formé divers Royaumes dans l'Espagne, & ce jusques à 14. qui se sont reduits par apres en trois Estats ; & à la fin sont tombés sous la domination d'vn seul : mais qui se sont bien-tost divisés encor en trois, comme nous voyons aujourd'huy, & comme ils estoient il y a cent cinquante & tant d'années.

Les quatorze Royaumes sont Leon & Castille, au milieu du Pays; & au Septentrion de Castille & de Leon, sont ceux de Navarre, de Biscaye (Seigneurie) & Asturie ; à l'Occident Gallice, Portugal, & Algarve ; au Midy Andalousie, Grenade & Murcie ; & à l'Orient Arragon, Catalogne, & Valence ; la Catalogne porte tiltre de Principauté. A ces quatorzes Royaumes se peut joindre celuy de Majorque, qui comprend Majorque, Minorque, & Yvice.

Tous ces Royaumes ont esté reduits cy-devant en trois Estats, qu'ils appelloient de Castille, d'Arragon, & de Portugal: Ceux de Caſtille, & d'Arragon ſe ſont vnis les premiers, puis ceux de Portugal. Mais aujourd'huy la Catalogne s'eſt deſtachée de la Caſtille, puis le Portugal. De ces revolutions, nous en traicterons ailleurs.

La Caſtille ſe diviſe en vieille & nouvelle; c'eſt à dire, en la premiere, & la derniere acquiſe, ou reconquiſe ſur les Maures. De la vieille Burgos eſt la capitale; de la Nouvelle, Tolede; Leon eſt capitale du Royaume de Leon: Ainſi Pampelone de la Navarre, Bilbau de la Biſcaye, Oviez de l'Aſturie, S. Iacques ou Compoſtelle de la Gallice, Liſbone de Portugal, le Far d'Algarve; Seville de l'Andalouſie, Grenade de Grenade, Murcie de Murcie; Sarragoſſe de l'Arragon, Barcelone de la Catalogne, & Valence de Valence, comme encor Majorque de ſon Royaume, *&c.* Outre ces villes capitales de leurs Royaumes, Madrid dans la nouvelle Caſtille, & Valladolid dans la vielle ſont fameuſes; celles-cy ayant eſté, celle-là eſtāt à preſent la reſidence de leurs Roys.

Les meilleurs Ports de l'Eſpagne ſont la Coruña en Gallice, & ſur l'Ocean; Cartagene dans le Royaume de Murcie, & ſur la mer Mediterranée; Setubal en Portugal, & ſur l'Ocean. Et les villes plus marchandes, ſont Seville, & Liſbone, qui tiennent le commerce des Indes; celle-cy de l'Orient, & celle-là de l'Occident.

L'air du Pays generalement eſt bon, & le terroir fertil s'il eſtoit cultiué: mais peu habité pour la bonté du Pays, ce qui provient des Mores, qui en ont eſté chaſſés; & du grand nombre des Colonies, que l'Eſpagne a envoyé aux Indes.

Ses plus belles Rivieres ſont l'Ebre, qui tombe dans la mer Mediterranée; le Doüere, le Tage, la Guadiane, & le Guadalquivir, qui tombent dans l'Ocean. Et entre ces Rivieres, parce que l'Ebre a cõmuniqué ſon nom d'Iberie à l'Eſpagne, que le Doüere roule la plus grande quantité d'eau, que le Tage a eu de l'or en ſon ſable, que le Guadalquivir paſſe par le plus beau & le meilleur Pays d'Eſpagne, & que la Guadiane ſe perd en terre par l'eſpace de ſept ou huict lieuës; Nous avons dit autrefois que l'Ebre emporte le pris pour le nom, le Doüere pour la force, le Tage pour la renommée, le Guadalquivir pour les richeſſes, & que la Guadiane, n'ayant dequoy reſpondre aux autres, ſe veut cacher en terre.

Toute l'Eſpagne eſt Catholique. Il y a vnze Archeveſchés, cinquante ſix Eveſchés, 20. ou 25. mille Parroiſſes; grand nombre d'Abayes, de Monaſteres fort riches; l'Archeveſque de Tolede poſſede trois ou quatre cens mille Ducats de revenu. Les autres Archeveſques, & Eveſques la pluſpart 50. 60. & quelques-vns juſques à 100. mille Ducats. Le Commerce que l'Eſpagne continuë depuis 150. & tant d'années dans les Indes, devroit avoir remply le Pays tout d'or, n'eſtoit que ſes habitans negligeans toute ſorte de travail, ſont contraints de tirer des grains, & diverſes autres denrées & manefactures d'ailleurs, qui emportẽt ſont argent, & ce qu'elle a de meilleur.

ESPAGNE

P. N. Sanson le fils, Geo. du R.
Avec privilege, chez l'auteur

Septentrion

MER DE BISCAYE.

LE GRAND OCE:AN.

FRANCE.

ESPAGNE

MINORCA

MAIORCA

YVICA

Formentera

MER DES ESPAGNES

Estroit de Gibraltar

MER MEDITERRANEE.

AFRIQVE

Tanger

ITALIE.

L'Italie est au milieu des trois parties plus Meridionales de l'Europe. Sa forme est d'vne Botte, baignée de tous costés de la mer, Adriatique ou Golfe de Venise par derriere, Tyrrhene par devant, Ionienne par dessous le pied : il n'y a que le haut de la Botte, qui est contigu à la France, & à l'Allemagne ; desquelles elle est separée par les Alpes, montagnes qui s'estendent depuis la mer de Genes, jusques au Golfe de Venise.

Cette Italie se doit considerer en trois principales parties ; Lombardie, Italie, & Naples ; ausquelles se peuvent adjouster les Isles voisines pour quatriéme partie : la Lombardie occupera ce qui est dessus, & aux environs du Pô ; le nom particulier d'Italie restera pour ce qui est au milieu de l'Italie, & le nom de Naples pour ce qui est du Royaume de Naples.

La Lombardie se divise communément en decà & delà Pô, & cela à l'égard de Rome, & non à nostre égard : c'est pourquoy & pour diverses autres raisons, i'ay trouvé plus à propos de la diviser en haute & basse ; afin que cette division convienne aux vns & aux autres : & j'estime dans la Haute les Estats entiers de Piémont, qui sont au Duc de Savoye ; de Milan, qui sont au Roy Catholique, de Genes, qui est Republique ; puis de Montferrat, qui est au Duc de Mantouë, y ayant quelque partie au Duc de Savoye. Turin est la capitale du Piémont ; Milan, & Genes chacune en leur Estat. Casal du Montferrat. Dans la basse Lombardie seront les Estats de Venise, qui est Republique ; de Mantouë, de Parme & de Modene qui ont leurs Ducs : de Trente qui appartient à son Evesque.

L'Italie dans nostre methode comprendra les Estats de l'Eglise, & de Toscane. Les Estats de l'Eglise sont partie sur la mer Tyrrhene, & partie sur le Golfe de Venise. Rome est capitale de tout l'Estat, & Siege du Pape, Souverain Pontife de la Chrestienté : Boulogne est la plus belle de ce qui est dessus, ou vers le Golfe de Venise. Dans la Toscane il y a deux sortes d'Estats, sçavoir ceux du grand Duc de Toscane, dont la plus belle ville est Florence ; & divers Estats a divers Princes dans la Toscane, comme Lucques Republique, l'Estat delli Presidij au Roy Catholique, & autres.

Le Royaume de Naples se divisoit autrefois en quatre grandes parties ; en Principauté, Calabre, la Poüille & l'Abruzze ; & depuis en douze Provinces, que nous desduirons ailleurs ; ses principales villes sont Naples, Capouë, Salerne, Cosence, Leccie, Aquila & autres. Gajete, Barlette, *&c.* sont les plus fortes.

Entre les Isles voisines de l'Italie, la Sicile est la plus grande, & la plus en estime ; pour la bonté, & pour l'abondance de ses grains : On la divise en trois Vallées ; Val di Demona, où est Messine ; Val di

Noto, où est Siracuse; Val di Mazara, où est Palerme, residence de son Viceroy. Sardaigne a aussi son Viceroy à Caglier sa principale ville. Corse a son Gouverneur à la Bastie pour les Genois.

Telles sont les principales parties de l'Italie, & les principales villes de chaque partie. Le Roy Catholique a possedé jusques à present le Royaume de Naples, les Isles & Royaumes de Sicile & de Sardaigne, l'Estat de Milan: Entre les petits Estats qu'il tenoit en divers endroits de l'Italie, ne tient plus que le Comté de Finale sur la Coste de Genes; le Prince de Monaco sur la mesme coste s'estant mis en nostre protection, & Pontremoli dans l'autre bout de la Riviere de Genes, ayant esté n'aguere vendu au grand Duc de Toscane: tient encor l'Estat delli Presidij sur la coste de Toscane: Piombin sur la mesme coste, & Porto-Longone en l'Isle d'Elbe, sont en sa protection.

Ce que le Roy Catholique possede en Italie, ne fait pas moins que la moitié du tout: mais de quelque Estat que ce soit, il releve ou de l'Eglise, ou de l'Empire: le reste de l'Italie est au Saint Siege ou à l'Eglise dont le Pape est le Chef; aux Venitiens, qui ont la plus grande partie de la basse Lombardie; puis au Prince de Piémont qui est aussi Duc de Savoye; au Duc de Toscane, qui tient les Estats de Florence, Siene & Pise; à la Republique de Genes qui tient la Riviere de Genes, & l'Isle de Corse; au Duc de Mantouë à qui appartiennent les Duchés de Mantouë & de Montferrat; au Duc de Parme, qui possede les Duchés de Parme, & de Plaisance; au Duc de Modene, qui possede les Duchés de Modene, & de Regge: a l'Evesque de Trente, qui est Prince & Seigneur de son Evesché.

Il y a encor en Lombardie force petits Estats, comme de la Mirandole, de Guastalle, de Sabionete, *&c.* aux environs de Mantouë: de Palavicin, de Landi, *&c.* entre les Estats de Parme & Plaisance: de Monaco sur la coste de Genes; de Masseran dans le Piémont, *&c.* le Comté de Pitiglian, & les Marquis de Malespine en Toscane, *&c.* De tous ces Princes de l'Italie, mon Pere en a donné y a quelques années vn traité succinct: & qui peut suffire pour sçavoir ce qui est plus necessaire de leurs Estats, de leurs familles, revenus, interests, *&c.*

L'Italie avec ses Isles s'estend depuis environ le 36. degré de latitude jusques au 46. qui seroient 250. lieuës du midy au Septentrion; & depuis le 36. degré de longitude jusques pres du 43. qui seroient encor autant ou peu plus d'Occident en Orient. Mais sa forme ne remplit presque que le tiers de ce qui est compris entre ces degrés.

Le Pays est tresbon, les grains, vins, fruicts, *&c.* sont excellens & delicieux, ses villes bien basties, ses habitans addroits, & iudicieux; ce qu'ils ont assez fait voir dans l'establissement de l'Empire, qu'ils ont eu; & dans la Souveraineté de l'Eglise vniuerselle, qu'ils ont conservé depuis vn long-temps chez eux.

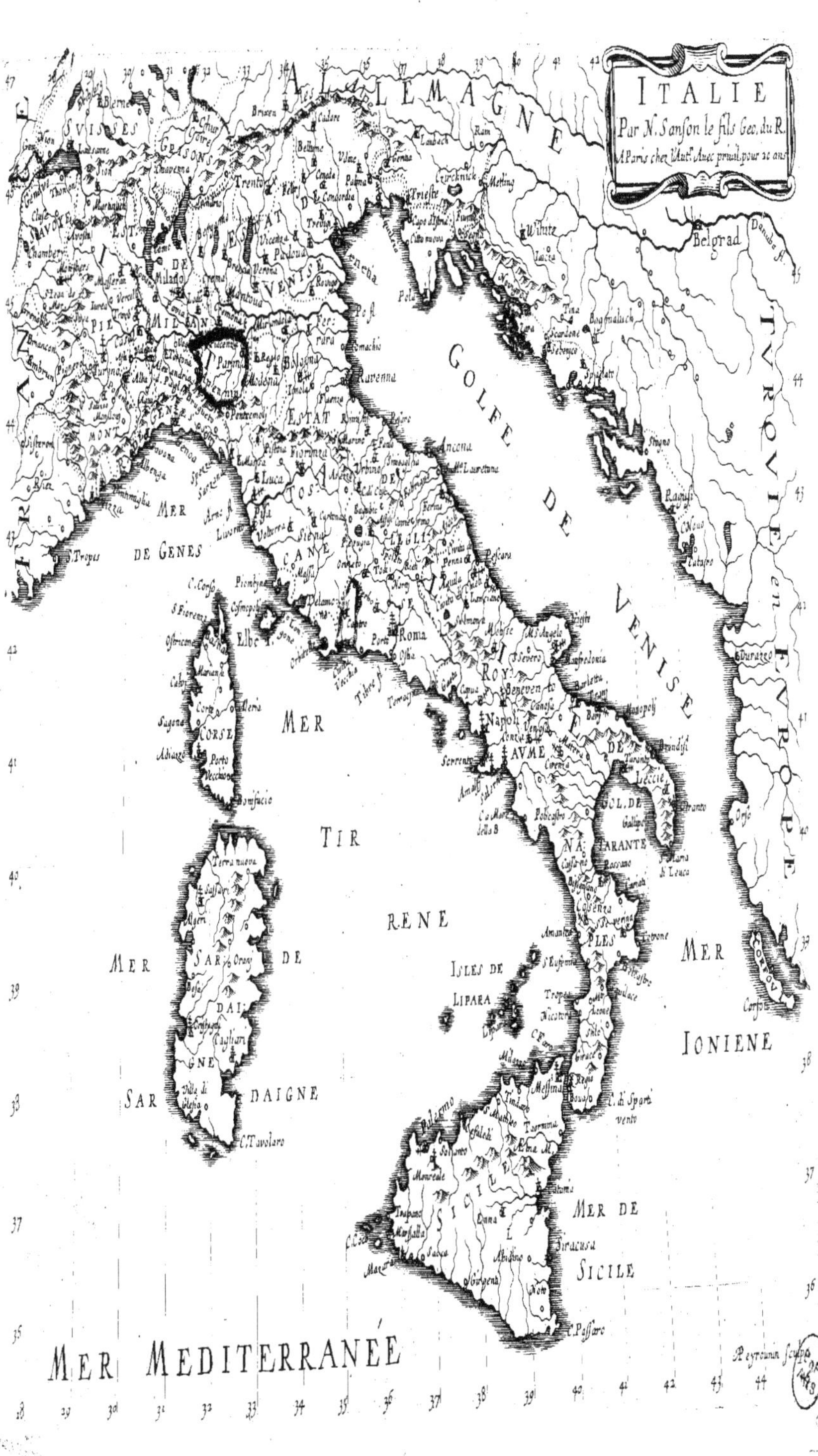
ITALIE
Par N. Sanson le fils Geo. du R.
A Paris chez l'Autr. Auec priuil. pour 20 ans
ALLEMAGNE
TURQUIE en EUROPE
GOLFE DE VENISE
MER DE GENES
MER TIRRENE
MER DE SARDAIGNE
MER IONIENE
MER DE SICILE
MER MEDITERRANÉE
ISLES DE LIPARA
CORSE
SARDAIGNE
SICILE
ROYAUME DE NAPLES
ESTAT DE L'EGLISE
TOSCANE
MILAN
PIEMONT
ESTAT DE VENISE
SUISSES
GRISONS
Roma
Napoli
Milano
Venetia
Genes
Firenza
Belgrad
Peyrounin sculp.

TVRQVIE EN EVROPE.

L'ESTAT ou Empire du Sultan des Ottomans, que nous appellons le Grand Seigneur, & que le vulgaire appelle le Grand Turc; eſt partie en Europe, partie en Aſie, & partie en Afrique: la plus grande partie eſt en Aſie, la moindre en Europe, & neantmoins celle-cy n'eſt pas la moins conſiderable, puiſque le Prince y fait ſa reſidence, & puis qu'il en tire ſes meilleures forces. Ce qu'il tient en Europe s'eſtend depuis environ le 35. degré de latitude iuſques au 45. & quelquefois iuſques prés du 47. qui font 250. ou 300. lieuës Françoiſes, & depuis le 40. de longitude iuſques au delà du 56. qui ſont encor 300. lieuës. Mais la forme de cette Region approche d'un triangle, dont le corps ne remplit pas la moitié de la ſurface qui ſeroit priſe, entre les degrés de longitude & de latitude cy-deſſus.

Cette partie de l'Eſtat du Turc que nous appellerons Turquie en Europe, ſe doit conſiderer en deux parties, dont l'une ſera le long du Danube, depuis l'Allemagne iuſques à la mer Noire; bornée d'un coſté du Danube, & de l'autre, de la Montagne Marinai, olim *Scardus*. L'autre Region ſera depuis ces Montagnes juſques bien avant dans la mer Mediterranée, en advançant vers le midy. Cette derniere partie eſt ce qui a paſſé communément ſous le nom de Grece, & qui comprenoit la Macedoine, la Theſſalie, l'Epire, l'Etolie, l'Achaïe, & le Peloponneſe. La premiere a paſſé ſous le nom de Illyricum, ſçavoir le plus Oriental, & quelque choſe de celuy d'Occident, & qui comprenoit la Pannonie en partie, l'Illyricum particulierement pris où eſt la Dalmacie, puis la Moeſie & la Thrace.

Ces quartiers paſſent aujourd'huy ſous les noms d'Eſclavonie & de Romanie. Sous le nom d'Eſclavonie ſe peut entendre la Hongrie, l'Eſclavonie particuliere, la Croacie, la Dalmacie, deſquelles parties neantmoins le Turc ne tient qu'vne partie: ſe peuvent entendre encor la Boſnie, la Servie & la Bulgarie que le Turc poſſede entierement. Le reſte ſous le nom de Romanie, ſçavoir la Romanie particuliere qui reſpond à l'ancienne Thrace, la Macedoine dont les diverſes parties reçoivent divers noms, ſçavoir de Iamboli vers le Septentrion, & prés de la Thrace, de Camenolitari vers le midy & pres de la Theſſalie, d'Albanie vers l'Occident, & ſur la mer Adriatique, ou Golfe de Veniſe: Le nom de Macedoine s'eſtant conſerué dans le milieu. La Theſſalie s'appelle aujourd'huy Ianna; l'Epire, Canina; L'Etolie & l'Achaïe, Livadia; & le Peloponnneſe, Morée.

Dans la Partie de Hongrie qui appartient aux Turcs, ſont les villes de Bude autrefois reſidence des Roys d'Hongrie, puis Caniſe, Agrie, & Temiſwar places fortes. Dans la Partie de l'Eſclavonie au Turc eſt Poſega, dans la partie de Croacie Wihitz; Scardone & Caſtelnove en Dalmacie. Iaycza & Bagnalouc ou Ervanſarai ſont en Boſnie; Belgrade presque à la rencontre des Rivieres du Danube, de Tisse, de Save & de Drave est en Servie. Sofie en Bulgarie, outre lesquelles ils tiennent sur la mer Noire Oczacou en la basse Podolie, Caffa dans la Petite Tartarie, & Azof en Moscovie.

Dans la Romanie particuliere sont Constantinople, residence des grands Seigneurs, & autrefois des Empereurs de l'Orient; puis Andrinople & Gallipoli. Salonique est la plus belle de la Macedoine. Scutari, Duraz, & la Valone, encor Croia de l'Albanie; l'Armiro de la Thessalie, Preveza & l'Arta de l'Epire, Lepante de l'Etolie, Setines ou Athenes, & Stives ou Thebes de l'Achaïe: Corynte, Patras, & Misistra ou Sparte Lacedemone de la Morée.

Les Isles plus fameuses avec leurs villes sont, Negreponte ol. *Eubee*, Stalimene ol. *Lemnos*, Saincte Maure ol. *Leucas*. Mais les Turcs ont divisé toutes ces Regions en Berglebeyats & Sangiacats; ce sont Gouvernemens generaux & particuliers: il y en a soixante & tant de ceux-cy, sous huict Beglerbeyats; qui sont de Romeli, de Denizi, de Bude, de Canise, d'Agrie, de Themiswar, de Bosnie & de Caffa.

Celuy de Romeli est le premier de tout l'Estat; & celuy de Denizi le second. Celuy de Romeli tient la Bulgarie, où sa residence est dans Sofie; tient la Romanie, & ce que nous avons estimé sous le nom de Grece. Celuy de Denizi ou de la mer a sa principale demeure à Gallipoli en Romanie; & s'estend sur les costes de l'Europe, de l'Asie & de l'Afrique; & sur les Isles qui se rencontrent entre ces trois parties. Les villes de Negrepont, de Napoli de Romanie, de Saincte Maure, de Lepante, *&c.* sont de sa Iurisdiction, comme aussi Nicodemie en Asie, Rhode en son Isle, Alexandrie en Egypte & autres. Le Berglebey de Bosnie demeure à Bagnalouc ou à Ervansarai; celuy de Caffa à Caffa qui est la meilleure place de la petite Tartarie; ceux de Bude, de Canise, d'Agrie, & Temiswar, sont en Hongrie.

L'Estat du grand Seigneur des Turcs, pris en general, comprend à peu prés ce qui a esté l'Empire d'Orient des Romains: il y a quelques petits Estats meslés entre ce qu'il tient en Europe. Les Venitiens tiennent sur la coste de la Dalmacie, Nona, Zara, Sebenico, Spalatro, Traw, *&c.* & Cataro, Budoa, Dolcigno, *&c.* sur la coste de l'Albanie. Torre de Butrinto & la Parga dans l'Epire: tiennent le long de ces costes diverses Isles, entre lesquelles est Corfou, & plus avant Zante, Cefalonie, Cerigo; encor l'Isle & Royaume de Candie, *ol.* Creta, où les Turcs leur font à present la guerre, & en ont pris vne partie: La Seigneurie & Republique de Raguse, est aussi sur la coste de Dalmacie.

Il y a peu de negoce entre les Turcs, & si les Chrestiens font quelque negoce auec eux, c'est c'est avec beaucoup de difficulté. Voila ce que ie veux dire à present, & succinctement touchant les principales parties de l'Europe en attendant mieux.

Partie de
TVRQVIE
EN EVROPE
P. N. Sanson le fils, Geo. du Roy
A Paris chez l'Auteur
Auec priuil. pour 20 ans
PARTIE DE TVRQVIE
PAR TIE D'ASIE
MER DE MARMARA
G. DE VENISE
ITALIE
MER BLANCHE
ou ARCHIPEL autref
MER ÆGEE.
MER IONIENE
MER MEDITERRANEE.
GOL. DE LEPANTE
GOL. DE L'ARCADIA
G. DE NAPOLI
GOL. DE ENGIA
CRETE OU CANDIE
MOREE
Thessalonica Salonichi
Athenes Sethines
Constantinopoli
Smyrna
Brindisi
Otranto
Gallipoli
Cotrone
Corfu
Cefalonie
Zante
Candia
C. de Sidero
C. Salamoni
C. Matapan
C. Malio
C. Spada
C. Sansone
Cerigo
Patras
Corinthe
Argos
Coron
Modon

HONGRIE & P. N. Sanson le fils Geographe du Roy
A Paris chez l'Auteur avec privilege
PARTIE DE POLOGNE.
VOLHY: NIE.
PODO: LIE.
PETITE TARTARIE.
HONGRIE.
TRANSILVANIE
MOLDAVIE.
BESSARABIE.
VALAQVIE.
ESCLAVONIE.
CROACIE
BOSNIE.
SERVIE.
DALMACIE
TVRQVIE
BVLGARIE.
ROMANIE.
ALBANIE.
MACEDOINE.
EVROPE
MER NOIRE OU MER MAIOVR.
MER DE MARMARA
PARTIE D'ASIE.
GOLFE DE VENISE.
ITALIE
ARCHIPELAGVE.
Belgrad
Budã Offen
Presbourg
Vienne
Constantinopoli
Andrinopoli
Philippopoli
Thessalonica Salonichi
Durazzo
Danube fl.
Niester R.

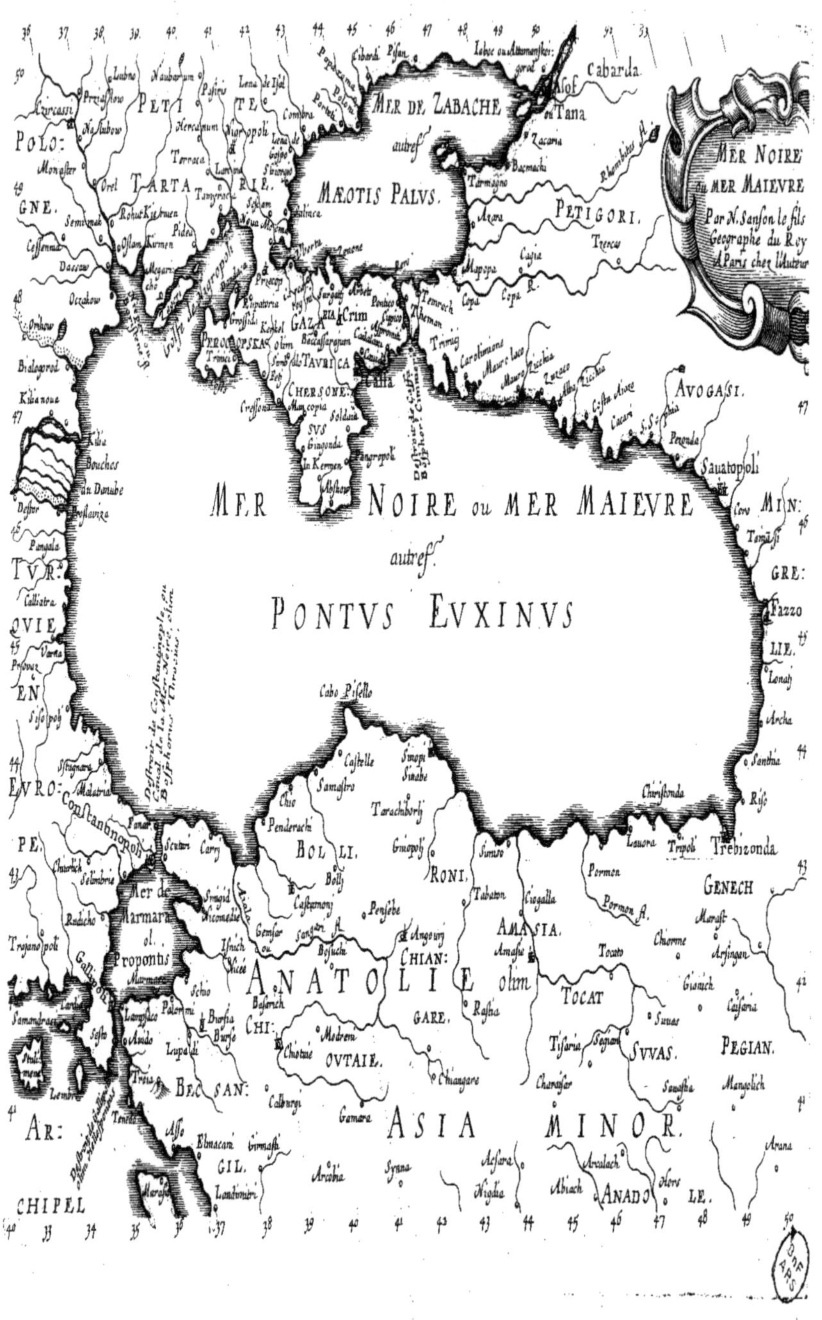

MER NOIRE ou MER MAIEVRE
Par N. Sanson le fils
Geographe du Roy
A Paris chez l'Autheur
MER DE ZABACHE
autref.
MÆOTIS PALVS.
MER NOIRE ou MER MAIEVRE
autref.
PONTVS EVXINVS
Mer de Marmara ol. Propontis
ANATOLIE olim
ASIA MINOR.
Constantinople
Trebizonda
Caffa
Crim
Cabarda
PETIGORI.
AVOGASI.
GENECH
TOCAT
AMASIA.
SVVAS.
Bouches du Danube

RIVIERES PLVS FAMEVSES DE L'EVROPE.

IL n'y a point en Europe de ſi grandes Rivieres comme en Aſie, en Afrique, & en Amerique ; l'Europe eſtant entrecoupée de diverſes Mers peu éloignées les vnes des autres, ſes Rivieres ne peuvent y avoir vn ſi long cours comme dans les autres parties.

Le Volga eſt la plus grande Riviere de l'Europe, puis le Danube, le Tanaïs, le Boryſthene, *&c.* Mais afin de pouvoir dire quelque choſe de celles qui ſont les plus conſiderables, nous prendrons le meſme ordre que mon Pere en donne dans ſes Tables Geographiques, commençant par celles qui ſont dans les parties plus advancées vers le Septentrion, & finiſſant en celles qui ſont vers le Midy.

Rivieres des Iſles Britanniques.

DANS les Iſles Britanniques les Rivieres y ont peu de cours, quelques-unes neantmoins y ont leurs emboucheures vers la mer belles, & portent de grands vaiſſeaux aſſez avant en terre : telles ſont la Tamiſe, la Saverne, & l'Hombre. La Tamiſe coule toûjours dans la partie plus Meridionale de l'Angleterre, a ſa ſource non loin de l'emboucheure de la Saverne, mais elle tourne d'un autre coſté, & fait ſon cours d'Occident en Orient, baigne Oxford Vniverſité, & Londres capitale du Royaume, tombe dans l'Ocean Germanique, ou Mer d'Allemagne, non loin du Pas de Calais. La Saverne eſt dans la partie plus Occidentale de l'Angleterre, commence au milieu de la Principauté de Galles ; au pied de la fameuſe montagne Plinillimon, ſon cours fait preſque les trois quarts d'un cercle, paſſe par Shroweſburey, Worceſtre, & Gloceſtre, finit entre la Principauté de Galles, & les Provinces d'Oüeſt, dont les dernieres ſont Devonshyre & Cornoüaille. Son emboucheure fait le plus grand golfe qu'il y ait en Angleterre, & regarde la Mer d'Irlande. L'Hombre n'eſt qu'vne emboucheure que font deux Rivieres, l'Ouſe, & la Trente ; celle d'Ouſe s'appelle en ſon commencement Youre, paſſe à YORCK, & reçoit toutes les Rivieres de ce Comté, qui eſt de beaucoup le plus grand qu'il y ait en Angleterre. La Trente a ſa ſource vers le milieu de l'Angleterre, reçoit force Rivieres, ſur leſquelles & non loin de ſon cours, ſont Stafford, Lichfield, Darby, Nottingham, Lincolne, *&c.*

Il n'y a point de grandes Rivieres en Eſcoſſe, ny en Irlande. Le Tay n'eſt à conſiderer en Eſcoſſe, que parce que ce Royaume ſe diviſant en deux parties, l'une s'appelle deçà, & l'autre delà le Tay : Abernethy ancienne reſidence des Roys Pictes eſt au commencement de ſon emboucheure. Le Shennon en Irlande a plus de la moitié de ſon cours en divers lacs & golfes ; il commence dans la Province de Connaugh, ou Connacie, qu'il diviſe peu apres de Leinſter, ou Lagenie ; & en fin de Mounſter, ou Momonie ; Atlon ville eſt ſur le milieu de ſon cours, & Clare non loin de ſon emboucheure. L'Angleterre au reste n'a presque point de lacs; l'Escosse & l'Irlande en ont beaucoup, & de grands, comme nous dirons ailleurs.

Rivieres de la Scanie, ou Scandinavie.

DANS la Scandinavie, où sont les Estats de Dannemarc & de Suede, il y a beaucoup de Rivieres, & quelques-unes assez grandes; mais non fameuses; Les Lacs, & les Golfes, qui y sont en grand nombre, obscurcissent les Rivieres, & le commerce n'y est que sur les costes. Les Rivieres de Vma, Pitha, Lula, Torne, & Kimi, donnent leurs noms aux Marches de la Lapponie sujettes au Roy de Suede: celle de Dalecarla traverse la Dalecarlie, Province de mesme nom, borne la Gestricie de la Westmanie, & de la Vplande, & tombe dans la Mer Baltique. Les plus fameux lacs de la Suede, sont le Meler qui embrasse force Isles, sur l'vne desquelles & a son emboucheure vers la Mer Baltique, est Stockholme residence des Roys de Suede: de l'autre costé est le Wener qui s'escoule par la Trolhette Riviere dans la partie de la Mer Baltique, qui est au dehors du destroit du Sond, & vers la grande Mer. Trolhette baigne Bahus, l'vn des cinq Gouvernemens de la Norwegue, se divise en deux principales branches, dont l'une embrasse Maerstrand de la Norwegue, l'autre baigne Gothebourg seule place de la Suede de ce costé, & qui divise le Dannemarc de la Norwegue. Le Lac de Veter fait la Riviere de Motala, qui baigne Lincoping en Suede, & autres. Le Meler s'escoule & fait sa longueur d'Occident en Orient: le Wener tout au contraire d'Orient en Occident: le Veter du Septentrion au Midy.

Il s'est quelquefois proposé jonction des Lacs Meler & Wener, par les Rivieres qui tombent dans l'un & l'autre Lac: & cette jonction eust donné un grand advantages à la Suede; pour communiquer son commerce de la Mer Baltique avec l'Ocean, sans passer par les Destroits du Sond, ou du Belt en Dannemarc.

Rivieres de Moscovie.

EN Moscovie il y a nombre de grandes Rivieres, entre lesquelles le Volga, le Don ou Tana, & la Douïne emportent le prix. Le Volga est la plus grande qu'il y ait en Europe, & pour son cours & pour la force de ses eaux; elle fait sept ou huit cens lieuës de chemin, reçoit nombre de grandes Rivieres, comme l'Occa & le Kama, qui ont fait trois ou quatre cens lieuës Françoises quand ils luy rendent leurs eaux; & auparavant que le Volga tombe dans la Mer Caspienne, il se divise & subdivise en tant de branches, qu'il s'en compte jusques à 72. baigne dans son cours les villes de Twer, de Iaroslaw, où il a desia demie lieuë de large, de Nisi Novogorod où il reçoit l'Occa, & où il a plus d'une lieuë de large, & continuant tousiours de s'eslargir entre Casan & Bulgar, qui ne sont pas fort esloignez de son cours, il reçoit le Kama, cõmence à se diviser prés de Sarisa, en diverses branches, & la ville d'Astracan est dans l'une des Isles que font

les branches de Volga, esloignée de la Mer de 25. ou 30. lieuës.

Le Don ou Tana *olim.* Tanais, fameux pour avoir esté estimé par les anciens faire la separation d'entre l'Europe & l'Asie, fait la moitié de son cours d'Occident en Orient, & l'autre moitié d'Orient en Occident; s'advance si prés du Volga, sur le milieu de son cours, où est son coude le plus advancé vers l'Orient, qu'il n'y a que 12. ou 15. lieuës de l'un à l'autre, & c'est là où est Fossa Kamouz. Sa source est prise de Iwanow-osero, .i. Lac de Iean, d'où il n'y a guere que 100. lieuës en droite ligne jusques à son emboucheure, & son cours neantmoins est de 6. ou 7. cens lieuës : il ne baigne aucune place de marque que Asac, ou Asoff, *olim* Tanais, qu'il embrasse dans une Isle, qu'il fait à son emboucheure, quand il tombe dans la Mer de Zabaque, *olim Palus Mæotides.* Entre les Rivieres qu'il reçoit est le petit Don, ou Donets Sewerski, & celuy-cy separe la Moscovie de la petite Tartarie.

La Doüine se forme de deux Rivieres Suchana & Iüga: la premiere commence & passe à Vologda; l'autre tombe dans la Suchana à Ostiüga, place marchande, d'où l'une & l'autre quitans leurs noms prēnent celuy de Doüine qui signifie Deux; reçoivent encor le Witzogda, qui descend des Monts Ioegoriens, baignent S. Michel l'Archange, où elles se divisent & s'écoulent par six ou sept branches dans le Bellamore, .i. Mer Blanche, que nous appellons quelquefois Golfe de S. Nicolas, la ville de S. Nicolas estant sur l'une de ses emboucheures.

Il y a une autre Douïne, dont la plus haute partie est en Moscovie, celle du milieu en Lithuanie, qui est de la Pologne, & la derniere en Livonie, & icy il s'appelle Dune. Sa source est fort proche de celle du Volga, Volga tourne vers l'Orient, comme cette Douïne vers l'Occident, & qui passe par Vitepsk, Polosk, Dunenburg, & finit à Dunemunde, .i. Bouche de Dune au dessous de Riga, ville la plus grande & la plus marchande de la Livonie.

On a quelquefois proposé de joindre la Riviere Doüine avec celle de Volga, & le Volga avec le Tana, ce qui est assez facile; & feroit la communication de l'Ocean Septentrional avec la Mer Caspienne, & la mer Noire, qui descend dans la Mediterranée; & faciliteroit le cōmerce de l'Occident avec l'Orient, & le Septentrion, par dedans les terres. Cela ne s'est pas fait pour diverses raisons que nous dirons ailleurs.

Rivieres de la France.

LEs principales Rivieres des parties plus Septētrionales de l'Europe estans décriptes, venons à celles qui se trouveront dans le milieu de l'Europe, où sont la France, l'Allemagne, & la Pologne. Les Rivieres de la France sont 4. principales; la Loire, le Rhosne, la Garone, la Seyne : de l'Allemagne quatre, le Rhein, le Weser, l'Elbe, & l'Oder : de la Pologne encor quatre ou cinq, le Veissel, ou Vistule, le Niemen, la Doüine, le Nieper, ou Borysthene, & le Niester. Cette

Doüine est commune à la Moscovie, à la Pologne ou Lithuanie, & à Suede, & nous en avons touché vn mot.

La Loire à sa source dans les Sevenes au pied du Mons de Iou, & du costé du Viuarais, d'où elle tourne dans le Velay qu'elle traverse; puis le Forez, le Bourbonnois, le Nivernois, l'Orleanois, le Blaisois, la Touraine, l'Anjou, & finit en Bretagne vers les confins du Poictou, & se descharge dans le grand Ocean. elle baigne quantité de belles villes comme il se peut voir dans nostre Carte; reçoit l'Allier, le Cher, la Vienne à gauche, la Mayenne à droite; & celle-cy emporte avec soy le Loir (autre que la Loire) & la Sarte, qui ne sont pas moindres qu'elle en force, mais moins rapides.

Le Rhosne commence dans les Alpes au pied du Mont de la Fourche, prés celuy de S. Godard: & prés de cette montagne encor le Haut & Bas Rhein du costé des Grisons, le Rus & l'Aar ou Are du costé des Suisses, le Tesin du costé de l'Italie, ont aussi leurs sources. Le Rhosne traverse le Valais, puis le Lac & la ville de Genéve, separe la France de la Savoye; la Bresse, le Lyonnois, le Forez, & le Vivarais, du Dauphiné; le Languedoc du Comtat, & de la Provence; tombe dans la Mer Mediterranée par diverses bouches, qu'ils appellent Gras, *&c.* La Saone, l'Isere, & la Durance sont les plus belles Rivieres, qui tombent dãs le Rhosne, les deux dernieres à gauche, la premiere à droite.

La Garonne a sa source dans les Pyrenées sur les confins de l'Arragon, & de la Catalogne; elle traverse le Val d'Aran estimé de la Catalogne, bien que dans le Diocese de Comminges en France; traverse le Haut & Bas Comminge, le Thoulousan, l'Agenois, le Basadois, & la Guienne particuliere; & finit entre cette Guienne, & la Saintonge sous le nom de Girone; elle separe quelquefois le Languedoc de la Guascogne. Les principales Rivieres qu'elle reçoit sont le Tarn, le Lot, & la Dordone toutes à droite. La belle Tour de Cordoüan est bastie à son emboucheure.

La source de la Seyne est prés de Champigny en Bourgogne, entre Chanceaux & S. Seyne, prés le grand chemin de Paris à Dijon: quittãt la Bourgogne Duché, elle traverse la Champagne, l'Isle de France, & vne partie de la Normandie, elle reçoit l'Yonne à gauche, la Marne & l'Oyse à droite. La Seyne est la moindre de nos quatre Rivieres en longueur & en force, mais parce qu'elle arrouse Paris ville capitale du Royaume, nous en devons faire beaucoup d'estime. Nous avons passé legerement ces Rivires, ayans dessein d'en dire davantage ailleurs.

Entre la France & l'Allemagne nous pouvons faire quelque estat de l'Escaut, & de la Meuse, qui sont dans les Pays-Bas. L'Escaut a sa source dans la Picardie, passe à Cambray dans le Cambresis, à Valenciennes en Haynaut, à Tournay & à Gand en Flandres, puis à Anvers en Brabant: il se divise en plusieurs branches, qui embrassent les Isles de Zelande, & se perd dans la Mer sous divers noms.

La Meuse a sa source en Champagne, non loin de Langres; traverse le Barrois, où elle baigne S. Mihel; puis Verdun en Lorraine; Sedan, Meziere, Charleville en Champagne, ou sur les confins de la Champagne; Namur, chef de son Comté dans les Pays-Bas; Liege, chef de son Evesché; Mastricht, Ruremonde, &c. reçoit le Wahal, l'vne des branches du Rhein; encor le Leck, autre branche du Rhin; laisse Dordrecht à gauche, Roterdam à droite, tombe dans l'Ocean par la partie plus Meridionale de la Hollande.

RIVIERES DE L'ALLEMAGNE.

EN Allemagne nous avõs mis le Rhein, le Weser, l'Elbe, & l'Oder: le Rhein a ses sources, comme nous avons dit, prés le Mont de S. Godard dans les Grisons; separe les Suisses de la Soüabe; passe dans l'Alsace, dans le Palatinat du Rhein, dans les Archeveschés & Electorats de Mayence, de Treves, de Cologne; dans les Estats de la succession de Cleves & Iuliers; & dans les Provinces unies des Pays-Bas: où il se divise en plusieurs branches, qui se perdent en d'autres Rivieres, ou qui se conduisent à la Mer sous divers noms. Mon Pere a vn Traité tout particulier de cette Riviere, & monstre qu'elles sont ses sources, où elles se joignent ensemble; quelles Rivieres tombent dans le Rhein d'un & d'autre costé; Quels Ponts, quelles Villes, & quelles Places de marque sont sur le Rhein, sur les Rivieres qui tombent dans le Rhein:-quels Estats, Republiques, & Seigneuries, &c. sont dessus & aux environs du Rhein, dessus & aux environs des Rivieres qui tombent dans le Rhein: & ce Traité se donnera au jour avec le temps & l'occasion.

Le Weser a sa source dans le Comté de Henneberg, au Midy des Montagnes & de la Forest de Turinge; elle n'approche point de Greventhal en Turinge, y ayant les sources d'autres Rivieres entre deux; s'appelle Vertz & Werra en son commencement; baigne sous ce nom Hilpershausen, Meinungen, &c. laisse Smalkaden beaucoup à droite, & sur une autre Riviere; passe à Saltzungen, à Fach, &c. laisse Isenach beaucoup à droite, & sur une autre Riviere; encor Mulhausen de Turinge à droite, & sur l'Vnstrut, qui prend son cours de l'autre costé; baigne Eschwege, reçoit la Fulde à Munden; & icy quitte le nom de Werra & prend celuy de Weser; baigne Hamelen, Minden (celle-cy Evesché, & autre place que Munden cy-devant) Nyenbourg, place plus considerable du Comté d'Hoye; passe prés de Ferden Evesché; & reçoit tout proche Alre ou Aller, la plus grande, & la plus forte Riviere de celles qui tombent dans le Weser: apres Ferden, baigne Bremen, s'écoule dans l'Ocean entre le Comté d'Oldenbourg & l'Archevesché de Breme. I'ay donné quelques particularités de cette Riviere plus que des autres, pour faire voir que ceux qui en ont fait cy-devant la description, ont manqué à la pluspart des places qu'ils ont descriptes sur cette Riviere, &c.

L'Elbe, Labe en Bohemien, Albis aux anciens, commence dans les Montagnes de Risengeberg, .i. Montagnes des Geants qui sont entre la Boheme & la Silesie; il se forme de unze diverses sources, d'où est tiré le nom de Labe, .i. Vnze ; reçoit dans la Boheme non seulement le Multau, qui passe à Prague ; mais l'on peut dire que sortant de la Boheme il emporte par vn seul canal toutes les eaux qui naissent & qui tombent dans la Boheme : il baigne Dresde en Misnie, Witteberg en Saxe, Magdebourg Archevesché, Lawenbourg Duché, Hambourg ville fameuse, laisse Stade à gauche, Gluckstad à droite, & apres avoir separé l'Archevesché de Breme du Duché de Holsace, tombe dans la Mer d'Allemagne.

L'Oder à la pluspart de son cours en Silesie, le reste estant dans le Marquisat de Brandebourg & dans la Pomeranie ; d'où il se jette dans la Mer Baltique. Sa source est dans l'extremité de la Moravie, sur les confins de la Silesie ; où elle baigne Brieg, Breslau, Glogau, Crossen, *&c.* & ramasse toutes les eaux de la Silesie avant que d'en sortir : elle baigne Francfort sur l'Oder en Brandebourg, & Stetin en Pomeranie, où elle se disperse en plusieurs canaux, & s'ouvre à la fin vn Golfe (Das Groff Haff) .i. grand Lac, & embrasse les deux Isles de Vssedom & Wollein, en faisant trois ouvertures, par lesquelles elle se descharge dans la Mer, & jusques icy sont les Rivieres de l'Allemagne.

RIVIERES DE POLOGNE.

En Pologne les Rivieres principales sont la Vistule, le Niemen, la Douïne, le Nieper ou Borysthene, & le Niester. La Vistule commence dans la Silesie sous les Monts Crapacks, qui separent la Silesie & la Pologne de la Hongrie ; passe à Cracou, & à Sendomire en la haute Pologne, à Warsau en Masovie, à Vladislau dans la basse Pologne : entre Warsau & Vladislau reçoit le Narew qui emporte le Bog ou le Bug, bien que celuy-cy fasse deux ou trois fois plus de chemin que l'autre, le Narew recevant tant d'eaux du costé de la Prusse, qu'il se trouve le plus fort. Apres Vladislau la Vistule entre dans la Prusse où elle baigne Torn, Culme, *&c.* jette vne branche à droite qui s'appelle le Nogat, & baigne Marienbourg ; en jette encor d'autres à droite & à gauche, sçavoir les Deux Tyes, & le Muddelo, entre lesquelles elle baigne Dirschou, approchant de la Mer & au dessus du Fort Vestung Heubet, elle se divise en deux canaux, l'un à droite & l'autre à gauche : celuy-cy passe au long de Dantzick, avant que se perdre dans la Mer ; l'autre se divise & redivise en plusieurs branches, qui se perdent toutes dans le Frich-Haff, .i. Nouvelle Mer, qui ne se descharge dans la Mer Baltique qu'entre la pointe de Nerung, & celle de Pilau, où se descharge aussi le Pregel, qui reçoit vne bonne partie des eaux de la Prusse, & passe à Koningsberg, .i. Royalmont.

Le Niemen, Memmel aux Allemans, à sa source au beau milieu de la Lithuanie, non loin des Duchés de Slucsk & Neswies ; elle passe à Grodno, puis à Kouno, où elle reçoit le Vilia, qui baigne Wilna principale ville de la Lithuanie ; peu au dessous de Tylse, le Niemen se divise en deux ou trois principales branches, qui se sub-divisent en

plusieurs autres. La Russe seule qui fait le bras droit, à 10. ou 12. emboucheures à la Mer, & toutes tombent dans le Curish-haff, .i. Lac de Curon, qui est tousiours borné de la Mer, par la presqu'Isle Curish-Nerung, & n'a qu'une sortie dans la Mer Baltique, vers la ville de Memel, qui porte le mesme nom que cette Riviere, comme estant à son emboucheure.

Nous ne dirons rien icy de la Douïne ou Dune, nous contentans de ce que nous en avons traitté en Moscovie, afin d'avoir moyen de dire vn mot des autres qui nous restent.

Le Nieper, qui respond au Borysthene des anciens, est une des plus grandes, & des plus fortes Rivieres de l'Europe: elle se forme de deux principales Rivieres presque égales en longueur & en force; l'une est le Nieper, & l'autre le Prepice ou Pripece: & parce que celuy-cy à l'égard de l'autre a sa source plus advancée uers le Midy (51. degré de Latitude, & l'autre plus advancée vers le Septentrion (à 55. degré de Latitude) bien qu'il vaudroit mieux les dire vers l'Occident & vers l'Orient, le Prepice estant à 48. degrez 26. minut. & le Nieper à 62. degrez 40. minut. de longitude; cette difference estant plus sensible que l'autre, Le Nieper est estimé le Borysthene plus Septentrional, & le Pripece le Borysthene plus Meridional de Ptolomée.

Le Nieper a sa source en Moscovie, & non loin de Moscou, passe à Dnipersko, à Smolensko, à Orssa, à Mohilow, à Rohaczow; reçoit à droite le Berezina, estimé par quelques-uns le vray Borysthene des anciens, & ce avec quelques raisons; puisque le nom & les positions de sa source respondent mieux avec la description qu'en donne Ptolemée, que celles de Nieper. Le Nieper apres avoir receu la Berezine, passe à Rzeczica, & reçoit le Prepice, que nous avons estimé le Borysthene Meridional.

Ce Prepice a sa source dans la Russie Noire en Pologne sur les confins de la haute Volhinie & de la Polesie; où elle baigne Pinsk, residence d'un Vladice ou Evesque Grec: baigne Mazy en Lithuanie, Czernobel en Volhinie, & peu au dessous se perd dans le Nieper; qui riche des despoüilles de son compagnon se trouve icy bien grand, descend à Kyovia ou Kyoff capitale de la Volhynie, & reçoit à l'autre costé de cette place la Dziesna ou Diena, Riviere assez considerable, puisqu'elle a plus de cent lieuës de cours, & qu'elle passe à Novogrodeck Sevierski. Apres Kyoff ou Kyow le Nieper baigne la ville de Czircassi place fameuse & forte; d'où il ne reste presque plus que des campagnes desertes, & sujettes aux courses des Turcs, des Tartares, & des Cozaques, jusques à l'emboucheure du Nieper. A la rencontre du Bog & du Nieper est Dassaw, & au delà du Bog, Oczacou, places sujettes au Turc. L'emboucheure du Nieper est dans le Golfe d'Ilmien prés de la Chersonese Taurique.

Le Niester n'a rien de considerable que sa longueur, qui est de deux cens lieuës, & de ce qu'il separe la Podolie, & les Estats de Pologne de la Moldavie, & de la Bessarabie : il commence dans la Pocutie, qui est la partie plus Meridionale de la Russie Noire, y baigne Halicz, puis Chocym de la Moldavie, laisse Camenece capitale de la Podolie peu à main gauche, & entre les Montagnes ; finit dans le Pont Euxin à Bialogrod ou Moncastro, qui est au Turc. Venons aux principales Rivieres des parties plus Meridionales de l'Europe, qui sont Espagne, l'Italie, & la Turquie en Europe.

RIVIERES DE L'ESPAGNE.

EN Espagne nous avons cinq grandes Rivieres, la Doüere, le Tage, la Guadiane, le Guadalquivir, & l'Ebre. La Doüere a sa source dans la Castille vieille, au dessus des ruïnes de l'ancienne Numance ; passe à Soria, & prés d'Osma, & de Valladolid, où elle reçoit la Pisuerga ; entre dans le Royaume de Leon, qu'elle couppe en deux, y baigne Toro & Çamora, separe le Leon du Portugal, où elle baigne Miranda ; de Doüero, passe pres de Lamego, & tombe dans la Mer Oceane au dessous de Porto, l'un des principaux Ports, & des principales Places du Portugal.

Le Tage a sa source dans la Sierra Molina, ou Sierra de Albarazin, qui sont Montagnes entre la Castille, & l'Arragon, où sont Molina & Albarazin ; & dans ces Montagnes & fort proches les unes des autres, sont les sources de Guadalaviar, de Cabriel, de Xucar, & de Tajo ou Tage; les sources des trois premieres font vn triãgle, au milieu duquel est celle du Tage, mais celle-cy se desgage des autres, & fait son cours vers l'Occident & tombe dans le grand Ocean ; les autres ayans leur descharge dans la Mer Mediterranée. Le Tage baigne Tolede, puis Alcantara avant que d'entrer en Portugal, où elle baigne Santarein & Lisbone, & s'ouvre vn Golfe pour porter ses eaux dans la Mer.

La Guadiane n'est pas tant fameuse pour sa lõgueur & pour sa force, que de ce qu'elle se cache en terre par l'espace de quelques lieuës non loin de Metelin, ce qui arrive peu aux grandes Rivieres : elle baigne Merida, & Badajox en Castille, passe prés d'Elvas en Portugal, au dessous de Mertola encor en Portugal, elle divise l'Algarve de l'Andalousie, & finit dans l'Ocean entre le Cap de S. Vincent & l'Isle de Cadix.

Le Guadalquivir a presque tout son cours en Andalousie, biẽ que sa source soit en la Castille nouvelle, cõme encor celle de la Guadiane & du Tage, les source de la Doüere & de l'Ebro, estans dans la Castille vieille. Le Guadalquivir baigne Cordouë & Seville, tombe dans le Golfe de Cadis, & dans l'Ocean, au dessous de S. Lucar de Barramede.

L'Ebre cõmence dans les Montagnes d'entre les Royaumes de Castille, de Leon, d'Asturie, & de Biscaye, fait sõ cours vers l'Orient, tournant à la fin vers le Midy, & tombe dans la Mer Mediterranée. Les autres 4. Rivieres de l'Espagne tournent vers l'Occident, & tombent dans l'Oceã. L'Ebre baigne Logroñe & Calahorre en la vieille Castille; Tudelle en Navarre, Çaragoçe en Arragon, & Tortose en Catalogne & se perd par les Alfacques dãs la Mer vis à vis des Isles de Maillorque:

RIVIERES DE L'ITALIE.

EN Italie ie ne feray estat que des Rivieres de Arno, du Tibre, & du Pô : les deux premieres descendent de l'Apennin, la derniere des Alpes. L'Arno baigne Florence, & Pise en Toscane. Le Tibre a sa source en Toscane, & presque tout son cours dans l'Estat de l'Eglise, où il baigne Rome. Mais le Pô reçoit la descharge d'vn si grand nombre de Rivieres, que luy fournissent les Alpes, & l'Apennin, que pour le peu de longueur qu'il a, il ne laisse d'estre vne des plus belles, & des plus fortes Rivieres de l'Europe : il traverse toute la longueur de la haute & basse Lombardie, y baigne nombre de belles villes, comme Saluces, Turin, Casal, Plaisance, Cremone ; au dessus & au dessous de Ferrare, il se divise en plusieurs branches pour porter plus facilement ses eaux dans le Golfe de Venise.

RIVIERES DE LA TVRQVIE EN EVROPE.

EN Turquie sont les Rivieres de Drin, d'Alfée, de Penée, de Vardar, de Marize, & du Danube. Celle-cy est la plus forte, & à present la plus considerable de toutes, les autres n'estans fameuses que dans l'antiquité. Le Drin à ses principales sources dans les Montagnes de Iesera, qui divisent l'Albanie de la Macedoine, traverse l'Albanie, finit à Lodrin dans le Golfe de Venise. L'Alfée dans la Morée est plus fameux pour la Fable d'Arethuse, & parce qu'il passe par les ruïnes de Megalopolis en Arcadie, & de Olympia Pisa en Elide, que pour son cours, & pour les Rivieres qu'il reçoit ; son cours n'estant que de trente ou quarante lieuës, & les 140. Rivieres que les anciens luy ont donnés n'estans que de petits Ruisseaux. Le Penée en Thessalie peut avoir soixante ou 75. lieuës de longueur, & finit dans le Golfe de Salonique, apres avoir baigné la fameuse Vallée de Tempe, entre les Montagnes Olympe & Ossa. Le Vardar en Macedoine tombe dans le Golfe & prés de Salonique, apres avoir receu le Ludias, qui baigne Pella ville fameuse pour la naissance & la demeure de Philippe & d'Alexandre le Grand, Roys de Macedoine. La Marize est en Romanie, passe à Philippopoli, à Andrinopoli, à Trajanopoli, tombe dans l'Archipelague vis à vis de Samandrachi, *olim* Samothrace ; où Persée dernier Roy de Macedoine fut pris, apres avoir esté deffait par Paul Emile.

Le Don ou Donaw, Danube aux anciens, nous reste le dernier à descrire, suivant nostre methode, encor qu'il soit le second de l'Europe en grandeur & en force. Sa source est en Soüabe dans le Comté de Furstenberg, là où est le Schwartz-wald, .i. Forest Noire : il passe à Vlme, vis à vis de laquelle il reçoit Iler, qui passe à Kempten, & prés de Memminguen ; passe à Donawert, prés de laquelle, & de l'autre costé il reçoit le Lech, qui passe à Ausbourg, & qui divise la Soüabe de la Baviere : apres Donawert le Danube entre dans la Baviere, où il laisse Neubourg à droite, Ingolstat à gauche ; divise la Baviere

Duché du Palatinat, d'où il reçoit le Nabe; passe sous les Ponts de Ratisbonne & de Straubing, qui sont à droite; reçoit du mesme costé l'Iser, qui baigne Munick & Landshout, capitales des haut & bas Duchés de Baviere; reçoit à Passau l'Inn, qui vient de l'Engadine dans les Grisons, & qui traverse le Comté de Tirol, & y baigne Inspruck, .i. Pont sur Inn; puis Halle en Tirol, & Kufstain, *&c.* & donne à vne partie de la ville de Passau le nom d'Instat, .i. ville d'Inn. Peu au dessous de Passau le Danube entre dans l'Austriche, & y baigne Lintz capitale de l'Austriche au dessus de l'Ens; reçoit la Riviviere d'Ens, où est la ville d'Ens; baigne Crems dans la moyenne Austriche, Vienne dans la basse; Vienne & Lintz sont sur la rive droite, Crems sur la gauche du Danube. Le Murau qui descend de la Moravie, tombe dans le Danube entre l'Austriche, & la Hongrie; où le Danube continuant son cours baigne à gauche Presbourg, capitale de la haute Hongrie, embrasse l'Isle de Schut, aux environs de laquelle sont Owar ou Valkenburg, & Gewer ou Iavarin; & à la pointe de l'Isle, Komare; toutes places fortes, & qui font teste à l'encontre des Turcs depuis plusieurs années: à Komare, le Danube ayant ramassé toutes ses eaux passe à Gran ou Strigogne, passe entre Bude, ancienne demeure des Roys de Hongrie, & Pesth; embrasse l'Isle de Ratzenmarck, baigne Colocz à gauche, reçoit la Drave à droite, & vis à vis de l'Isle d'Erdewdy; la Tisse à gauche, & vis à vis de Salonkemen; la Save à droite: & au dessous de la rencontre de la Save & du Danube est Belgrade; dont l'assiette doit estre en estime, puisque de ces quatre Rivieres, qui en sont proches, le Danube, la Tisse, la Save, & la Drave, la moindre a plus de cent cinquante lieuës de longueur. La Drave & la Save ont leurs commencemens dans la Carinthie, & dans la Carniole, *&c.* en Allemagne; quittant l'Allemagne ils embrassent ce que nous appellons particulierement l'Esclavonie, & qui fait partie de Hongrie. La Tisse ou Tibisc a son cours entier dans la Hongrie, commence dans les Monts Crapack entre la Hongrie, la Transilvanie, & la Pologne. Le Danube apres Belgrade nous est peu cogneu, & c'est d'icy que les anciens commençoient de l'appeller Ister: il reçoir à droite toutes les Rivieres, qui descendent de la Servie, de la Bulgarie; & à gauche celles de Valaquie, & de la Moldavie; se descharge par sept embboucheures dans la Mer Majeure ou Mer Noire. Son cours peut estre de six cens lieuës Françoises, sçavoir de deux cens lieuës en Allemagne, peu moins en Hongrie, & peu plus de la Hongrie jusques à la Mer Noire.

FIN.

PRIVILEGE DV ROY.

LOVIS par la grace de Dieu Roy de France, & de Nauarre. A nos Amés & Feaux les Gens tenans nos Cours de Parlements, Maistres des Requestes ordinaires de nostre Hostel, Baillifs, Seneschaux, Prevosts, leurs Lieutenans, & tous autres Iusticiers, & Officiers qu'il appartiendra, Salut. Nostre cher & bien amé NICOLAS SANSON nostre Geographe ordinaire nous a fait remonstrer qu'il a fait, & fait encor plusieurs Cartes & Traittés de Geographie, dont il en a donné vne partie au public: mesme celle du Rhein, & d'autres où il trauaille, & desire trauailler auec nostre permission, qu'il nous a fait supplier luy vouloir accorder. A CES CAVSES entierement contens, & satisfaits de ladite Carte, qu'il nous a desdiée, & presentée; Desirant qu'il continuë ses ouurages si utils au public; & luy dõner moyen d'en recevoir quelque vtilité: Avons audit SANSON de grace speciale, pleine puissance, & authorité Royale, permis, accordé; permettõs, & accordons par ces presentes, faire graver, imprimer, vendre, & distribuer lesdites Cartes, & Traittés tant ceux qu'il a fait que ceux qu'il fera à l'avenir, une ou plusieurs à la fois, soit chez luy, soit par telles personnes, que bon luy semblera, sans estre tenu d'y faire mettre aucune marque d'Imprimeurs, ou Libraires, si bon ne luy semble; & ce durant le temps & espace de vingt années, à compter du jour que chacune desdites Cartes, Planches, & Traittés seront achevés de graver, & imprimer, faisant tres-expresses inhibitions, & defenses à toutes personnes de quelle qualité & condition qu'elles soient, de faire graver aucune desdites Planches entieres, ou partie d'icelles; les faire imprimer, ny lesdits Traittés; soit entiers, soit par extrait; ou sous pretexte de changement, d'ordre, de forme ou autrement, ny de les faire vendre, ny distribuer entieres, ou partie d'iceux, durant ledit temps, en aucun lieu de nostre obeïssance; sous pretexte d'augmentation, correction, changement de tiltre, fausse marque, ny de quelque permission que l'on pourroit cy-apres obtenir de nous, par surprise, & en quelque sorte & maniere que ce soit, à peine de six mil liures d'amende; payable par chacun des contrevenans, applicable un tiers au Denonciateur, l'autre tiers à l'Hostel Dieu de Paris, & le troisiéme à l'exposant; Confiscation desdites Planches contrefaites, Cartes, Livres, & Traittés au profit dudit SANSON; & en ses despens, dommages, & interests: Nonobstant oppositions, ou appellations quelconques, pour lesquelles, & sans prejudice d'icelles, ne voulons estre differé. Et à la charge qu'à mesure que lesdites Cartes, Traittés, & Livres, seront achevés, ledit SANSON sera tenu d'en mettre deux exemplaires en nostre Bibliothecque, & vn troisiéme en celle de nostre tres-cher, & feal le Comte de Gien, Chevalier, Chancelier de France, avant que de les exposer en vente, à peine de nullité du contenu en ces presentes. Desquelles Nous voulons, & vous mandons que vous fassiez jouïr paisiblement, & pleinement ledit exposant, & ceux qui auront droit de luy, sans souffrir ny permettre, qu'il luy soit mis, ou donné aucun trouble, ny empeschement au contraire. Voulons qu'en mettant au bas desdites Cartes ces mots, *Avec Permission*, ou *Privilege* de nous, & à la fin desdits livres un extraict des presentes, elles soient tenuës pour bien & deuëment signifiées, & que foy soit adjoustée aux copies collationnées par l'vn de nos amés & feaux Conseillers & Secretaires, comme à l'Original. Mandons au premier nostre Huissier ou Sergent sur ce requis, faire tous exploicts necessaires, sans demander autre permission que lesdites presentes: CAR tel est nostre plaisir. Nonobstant Clameur de Haro, Chartre Normande, prise à partie, plaintes, & doleances, ny autres choses à ce contraires. Ausquelles Nous avons dérogé & dérogeons par les presentes. DONNEES à Paris le 21. jour de Ianvier, l'an de grace 1647. & de nostre regne le quatriéme.

Signé, Par le Roy en son Conseil.

RENOVARD.

www.ingramcontent.com/pod-product-compliance
Ingram Content Group UK Ltd.
Pitfield, Milton Keynes, MK11 3LW, UK
UKHW020930180726
13838UKWH00002B/861